仏教と慈《いつく》しみ

〈自利利他〉がわかる
オムニバス仏教講座

Buddhism and Compassion

ケネス田中［編著］
新作慶明
長尾重輝
小山一行
日野慧運

武蔵野大学出版会

はじめに

ケネス田中

東日本大震災を契機として、日本の仏教界では、「他者のために尽くす」という気持ちがどんどん高まってきているように思われます。

「自分の幸せだけではなく、他人の幸せにも目を向ける」

ということは大変好ましいことであり、この気持ちこそが、仏教が理想とする「慈しみ」の表れです。

この慈しみは、「自利利他」という教え中の、「利他行」の実践を持って実現されますが、ここで実現される慈しみには、今日、日本仏教をとりまく諸問題の解決につながる可能性があるように思います。

例えば、多くの日本人は、「葬式」「法事」「墓参り」という死者儀礼を仏教に期待しますが、彼らの経験談や宗教調査によると、仏教寺院や僧侶に関する満足度や評価は、必ずしも高いものではありません。

しかし、ここで、日本の仏教界全体が慈しみの精神を持って、死者儀礼や人々の日常の悩みに真摯に応えることができれば、多くの日本人の信頼を取り戻し、仏教界全体の繁栄につながることが期待されるのではないかと思います。

本書は、この「利他行」による「慈しみ」という課題の理解へ、少しでも貢献することを目的としています。

そしてそれは、武蔵野大学で仏教科目を担当する教員であり、僧侶でもある、われわれ筆者の役目であるに違いありません。

今回、「利他行による慈しみ」について、五つの角度から、その意味と応用を明らかにすることを目指しました。

着目した五つとは、「全体像（ケネス田中）」「初期仏教（新作慶明）」「大乗仏教（長尾重輝）」「浄土教（小山一行）」及び、「現代の社会参加（日野慧運）」となります。

本書を通して、「利他行による慈しみ」という、仏教において最も大切で、最も必要なテーマが、より多くの人々に理解され、そして実践されるよう願っております。

編著者・ケネス田中

◉目次

仏教と慈しみ——〈自利利他〉がわかるオムニバス仏教講座

仏教と慈しみ

6

Buddhism
and
Compassion

〔オムニバス仏教講座〕

I 仏教と慈しみ

仏教を貫く自利と利他

他者への慈しみ

Kenneth K. Tanaka

ケネス田中

◉はじめに――「自利」と「利他」

「自利」と「利他」は、仏教全体を通して見ることのできる教えであり、「仏教が目指している根幹である」と言えるかもしれません。

「自利」とは、「自分を利する」ということで、「仏教の教えを自分が身につけ、『目覚め・悟り』に進む」ということです。

サンスクリット語では、「svārtha」（己の利益）や「ātma-hita」（己の利益）と表されています。

一方、「利他」とは「他者を利する」ということで、「『他者が目覚める・悟る』ために努めること」を指します。ここでの「他者」とは、人間に限らず全ての衆生、生きもののことです。サンスクリット語では、「parārtha」（他者の利益）や「para-hita」（他者の利益）が主な原語となっています。

この「自利」と「利他」は、「自利利他」「自利亦利他」「自他利」「自利利他圓満」などのように、セットとして考えられる場合がよくあります。
このことは、「いかに自利と利他が密接で重要な関係にあるか」ということを表しており、この関係こそが、「仏教を貫く自利と利他の本質」と言えます。

もう少し考えてみましょう。

「自利」と「利他」の「利」(artha)は、「利益」や「目的」という意味を持ちますが、私は「〜のためになる(to the benefit of 〜)」ということであると理解しています。

では、何のためになるのでしょうか?

「『目覚める』という、仏教の主な目的達成のためになる」

と私は思っています。

大乗仏教では特に、この最終目的を「仏・ほとけに成る」と表現する場合が多くあります。
また、「目覚める」という究極的目的(出世間)以外に、世俗的(世間)といった意味もあります。

この点は、特に「利他」を行う際に、「何を施すのか？」ということで明らかになります。「何を施すのか？」に関しては、「法施」と「財施」の二種類があり、「法施」というのは「法」、つまり「教えを施す」ということです。

教えを施すことは、特に僧侶の重要な役割となります。

一方、「財施」というのは、財的なもの、例えば衣食住に関係するものです。災害が起こると、利他の行いを積極的に行う仏教団体があります。

そのような場合は、法や教えを説くのではなく、食べ物や洋服などを施すので、「財施」となります（二〇一一年の東日本大震災の後、仏教者が「財施」を行う動きが高まっているといわれています）。

このように「二種類の施し」として利他行があるのですが、やはり仏教的にいうと、「法施」のほうが重要になります。仏教の最終的な目的は「転迷開悟」（迷いを転じて悟りを開く）ですから、「目覚め」や「悟り」に直接関わる行いが、最も重要であると考えられるのです。

法施は「出世間」的な意味を、財施は「世間」的な意味を持っているのです。

日本仏教の個人的・非社会的志向

このように、仏教の根幹となる「自利」と「利他」ですが、日本仏教では「利他」のほうが弱いように考えられているかもしれません。それは、個人を超えて社会に関わることが、少々難しいからだと思われます。

私は以前、東京大学で約一年間、「アメリカ仏教」と題する授業を担当したことがあります。最後の授業で十三名の受講生に、これまでの授業の感想を求めました。すると、ある学生が、「私の知っている日本の仏教は、社会の外にある」とコメントしたのです。

「社会の外」と聞いたとたん、私は「えっ！」と息をのみました。これまで私がボンヤリと感じていながら、うまく言葉にできなかったことを、この若い学生が的確に表現してくれたからです。

良いか悪いかは別として、日本仏教の本質は、「一般社会を離れた山の上にある」というイメージが強いと思います。アジア全体の仏教、特に中国、韓国、日本では特にそのように思われています（韓国ではキリスト教がかなり普及していて、「山の仏教・街のキリスト教」といわれるそうです）。

日本では、仏教の重要な拠点は、比叡山や高野山のように山の上にあります。そして街の中にあるお寺も、「○○山」などと「山号」がついています。つまり、もともと出家的な宗教である仏教は、「社会から離れた山に登って、そこで修行をする」ということが重んじられたのです。

そんな状況から東大の学生さんは、「日本の仏教は社会の外にある」というイメージを持ったのでしょう。

また、この学生さんは、日本仏教には「社会から離れているだけでなく、『利他』という面が弱い」という印象を持っていたようです。そしてそれを裏付けるような考え方が、日本仏教にはあります。

例えば、日本仏教の代表的な聖典の一つである『歎異抄（四章）』からは、「利他」への動きを否定的で、あまり積極的に見ないようにしている傾向がうかがえます。

「この世でどんなに気の毒だ、かわいそうだと思っても、思い通りに助けることはできない。だから、人々を救おうと願う私どもの自力の慈悲は、中途半端なものでしかない。それゆえ、念仏を申して、すみやかに仏になって救うことこそ、本当に徹底した大慈悲心というべきであると仰せられた」

この意味は次のようになります。

「私たちは凡夫（煩悩に支配されている人間）であるから、他者を完全に救うことはできません。つまり、思うような利他行はできないのだから、まず、この世ではしっかりと自利に専念して、仏になったその後で、自由に思うような利他行を完璧に行いましょう」

ここでの「その後」とは、死後の話です。

「死んだら仏になれますが、いま生きている間は、他者のための行いは完璧には行えません。だから、中途半端な形で利他行を行うべきではありません。利他行は死後、仏となってからの行為ということにしておきましょう」

ということになるのです。

教義としてはいろいろな捉え方がありますが、このような解釈は根強く存在しています。従って、浄土真宗の教団の中や、宗派と関係ない『歎異抄』の愛読者の間では、「この世」では利他行に関しては控えめなのだ」と考えてしまうのです（もしかすると前述の東大生は、この『歎異抄（四章）』から、「仏教は社会の外にある」というイメージを持った可能性もあります）。

私は、「この部分は別の解釈をするべきだ」と思っています。

この『歎異抄（四章）』の趣旨は、「仏教の最終的な目的である『悟り』を自分で達成しようとすることを批判し、人間の不完全さを指摘しているのだ」と思っています。

私たちはしょせん凡夫です。私たちがやることは全て、中途半端なのです。ならば、仏教の慈悲の精神を理想として、助けが必要な人々へ、中途半端な形であったとしても、利他行を行うべきだと思っています。

キリスト教との比較

一方、アメリカの仏教は、日本よりも「社会の内側」にあるように見えます。そこには、キリスト教が主流であるアメリカ文化の影響があるのでしょう。

キリスト教のほうが、仏教よりも社会に対する慈善事業を重視しています。このことについては、読者の多くの方も同じような印象を持っているのではないでしょうか。

では、この仏教とキリスト教の「利他的な行い」に関する温度差は、どこにあるのでしょう？

それは、イエスと釈尊、それぞれの開祖の社会的地位と、生き方の違いだと思います。

イエスはユダヤ人です。ユダヤ民族は当時、ローマ帝国に支配されていた民族でした。ですから、支配から逃れるために、「社会を変えていきたい、社会をよくしていきたい」という気持ちがとても強かったのです。

さらに、イエスの職業は大工でしたから、庶民の中で暮らすことで、社会や政治的課題に関心を持たざるを得ませんでした。イエスは、庶民の悩みや貧困についてよくわかっていたのです。

ところが、釈尊は、王子という身分でした。伝説によると、釈尊はお父さんの計らいによって、幼いころから優雅な生活しかしていなかったとされています。

そんな釈尊は、ある日、「生老病死」という人間の現実的な悩みに気がつきます。貧乏人でも金持ちでも、共通問題となる「生老病死」、つまり「社会的」よりも「実存的」な悩みに気がついたことで、それを解決しようとしたのです。

ただしこの二人の違いは、開祖の立場の違いからだけではなく、背景に地域、文化の違いが見られます。

中近東というところは、自然環境がとても激しく、人間が努力によってその環境を変えていかなくてはならない地域です。そのため、この地域には改革を訴える人々が預言者としてよく現れました。イエスもその預言者の一人として見ることができます。

一方、釈尊は神の意志を伝える預言者ではなく、覚者（悟った人間）でした。

そのような違いもあったのです。

◉――釈尊の利他行

『歎異抄（四章）』から、「釈尊自身は利他行をあまり重要視していなかったのでは？」と思うかもしれません。

釈尊は三十五歳で悟られた後、残りの四十五年間を利他行に励みました。


「三十五歳という年齢で悟られた」ということは、私には驚きです。私は高校生の時に、「三十五歳までまだまだ時間があるから、それまでには少しは悟ることができるだろう」と思っていました。ところが、あっという間に三十五歳をすぎてしまいました。そして私の長男が現在、三十五歳です。

私が三十五歳だった時のことや、現在の長男のことを考えますと、釈尊が三十五歳で悟られたということは、たいへんな偉業であったと思います。

釈尊は悟った時点で、「自利」を完成されたことになります。悟ったわけですから、そのまま「リタイア」できたはずなのです。
ところが釈尊は、リタイアせずに残りの四十五年間を、利他行に励まれました。このように考えますと、釈尊こそ、「自利と利他のために生きた人」の象徴だと言えるでしょう。

ここで注意しなければいけないのは、「利他行を行っている段階になれば、もう自利は行わなくてもよい」と考えてしまうことです。
「自利」と「利他」がお互いに刺激しあって高められていくのが、「仏教の悟り」だと思います。
法然、親鸞、日蓮、道元といった日本の著名な仏教者は、亡くなるまで自分を磨き、己を利する努力をしています。

「もう悟ったから、これで自利は終わりだ」

ということはありません。
「私はもう悟ったから、自利も利他も行わなくてもいいのだ」と言う人は、信頼しないほうがいいでしょう。

ここで、釈尊が利他行にも励まれたことを象徴するエピソードをご紹介します。

ある日、仲間から見捨てられ、大小便の中に埋もれて横たわっていた病気の修行僧を発見した釈尊は、弟子の僧侶に水を持ってこさせて、この僧侶の体を洗ってあげました。

そして、僧侶たちに語ったのです。

「修行僧らよ、助けることができるのは、私たちしかいないのだ。私たちがお互いに助けあわなかったら、誰が助けてくれるのだ？　もう実家には帰れないのだ。我《われ》に仕えようと思うものは病人を看護せよ」

釈尊は弟子たちをこう戒め、ご自分が率先して正しい行動を示されたのです。

この二千五百年前のお話は、現代社会のさまざまな問題にも当てはまるメッセージだと思います。

「面倒な問題は、そのうち神さまのような存在がパッと現れて、なんとか解決してくれるだろう」と思っている方も多くいるようですが、それは仏教精神に反しています。

私たちには、「縁起の法則」で成り立っているこの地球しかありません。そしてそこには、人間が作り出した、たくさんの問題が大きく横たわっています。私たちの責任として、人類が団結して、これらの問題を一緒に解決していくしかないのです。一人ひとりの自利利他の行いが求められているのです。

釈尊が弟子を看病するエピソードは、いま、私たちが直面する「環境汚染」「テロ」「原発」などの問題に対する、一つの回答なのではないでしょうか。

いま、この「自利利他」という価値観は、トランプ大統領の登場によって強く試されています。トランプ大統領の考え方は、「アメリカ・ファースト」です。「利他」の関心はなく、間違った意味での「強いアメリカ」を実現しようとしているのです。

トランプ大統領が気づいていないのは、「縁起性」「関係性」です。アメリカは、世界の中の一つの国でしかありません。いくら超大国だとはいっても、単独で存在しているわけではなく、さまざまな国と密接につながっているのです。

釈尊が弟子を看病するエピソードについて、ぜひともトランプ大統領にも考えていただきたいと思います。

仏教における利他行の伝統

「利他行については、キリスト教のほうが社会参加を強調する傾向にある」

と言いましたが、仏教でも利他行はしっかりと大切にされてきました。

ところが、中には極端な例もあります。極端というのは、私たち一般人には不可能な利他行のことです。

その一番の例は、「捨身飼虎《しゃしんしこ》」というものでしょう。これは、「自分の身を捨てて虎の餌になる」という有名な物語です。

王子が、森の中で食べ物がなくて飢えている虎の親子に出合いました。母虎はもうすっかり消耗していて、「このままでは自分の子どもさえ食べてしまう……」そんな危機的な状況でした。

この状況をなんとかしようと考えた王子は、崖から自らの身を投じて、この虎の親子に自分の体を餌として捧げたのでした。

これは『ジャータカ物語』の中のお話ですが、非常に刺激的な内容です。仏教では、「生まれて死んで、生まれて死んで、永い生き死にを繰り返す」という、当時のインド文化の世界観が採用されています。

お釈迦さまも、その生き死にの中でいろいろなことを体験し、いろいろな施しを行ってきました。そのときに、さまざまな動物や人間に生まれ変わってきたとされていて、そのさまざまな前世の体験を説いたのが、『ジャータカ物語』です。

この物語の中には、次の「オウムの物語」もあります。


自分の棲《す》み処《か》である山が火事になったとき、オウムは自分の翼を池の水にひたし、そのしずくを燃え上がる山火事の火の上にそそぎました。長年、自分の棲み処であった竹やぶへ恩返しをし、さらに逃げ場を失った仲間たちを救おうとしたのです。それを見た梵天は感動し、心を動かされましたが、「お前の努力は無意味である」とオウムに告げました。

ところがオウムは、

「私が恩返しをしようとして、仲間の命を救おうとして行っていることが、無意味なはずがありません！」

そう言って、火を消すのをやめようとはしませんでした。

オウムの偉大な志に心を打たれた梵天は、オウムと力をあわせて、ついに竹やぶの火を消し止めました。


この物語は本当に感動します。重要なのはオウムの志です。

「何かをやりたい」「何かせざるを得ない」という強い意志が、まず最初にあります。そして、自分の能力に合った努力、可能な努力を行うのです。オウムの行動は「捨身飼虎」の王子とは異なり、「まずは自分にできることをやろう」ということを教えてくれます。

先ほどの環境問題もそうですが、私たち一人ひとりができることを心がけて、解決できるように努めなければならないのです。このオウムがいいお手本です。

「利他行」とは、偉業だけではなく、日常の中でできる範囲の行いでもあるのです。

●上座部仏教・南方仏教

さて、ここまでは、初期仏教の例として釈尊を中心に見てきましたが、「自利利他」を説く教えは他にもたくさんあります。

今日の仏教には、大きく分けて、「上座部仏教（Theravāda）」と「大乗仏教（Mahāyāna）」の二つがあります。上座部仏教のことを「南方仏教」ということもあり、時には「小乗仏教」と称することもあります。

「大乗」に対しての「小乗」ですが、この「小乗」は上座部仏教を指すには、不適切な蔑称ですので使用するべきではありません。

「大乗仏教」が興ったのは、紀元前一世紀くらいです。その時に仏教界では、「部派仏教」と呼ばれるものが約四百年も続いていました。

ところが新しく興った仏教の人たちは、自分たちの教えを「大乗である」と称し、それまで続いていた古い仏教の教えを「小乗である」と批判的に呼びました。

自分たちは「大乗」、つまり大きな乗り物であり、古い仏教は「小乗」、つまり小さな乗り物であると主張したのです。

この上座部仏教は、現在東南アジアを中心に伝わっています。その地域では、黄色い衣をまとった出家僧侶たちが、托鉢をしている姿がよく見られます。

この種の仏教はいつごろから、セイロンや東南アジアに伝わったのでしょうか？

彼らの歴史によれば、大乗仏教が興る二百年前の紀元前三世紀に、アショーカ王の息子マヒンダ（Mahinda）が、セイロン、つまりスリランカに仏教を伝えたとされています。

ということは、上座部仏教の人たちは、大乗仏教が興ったときにはすでにインドにはいなかったことになります。

古い部派仏教には、十八派あったのですが、そのうち現在残っているのは一派のみです。それが現在の上座部仏教です。

この上座部仏教にも、「利他行」はしっかり説かれています。それは、「四無量心《しむりょうしん》」という教えに代表され、今日でも大切にされています。

私は、「今日の日本の仏教者も、この実践項目をもっと積極的に採り入れたらいいのに」と思っていますが、上座部仏教では日常にこれを実践され、強調されているのです。

以下が「四無量心」です。

［一］慈無量心（mettā）他者の幸福を願う心
［二］悲無量心（karunā）他者の苦しみが和らぐことを願う心
［三］喜無量心（muditā）他者の成功や幸福を喜ぶ心
［四］捨無量心（upekkhā）他者の人生の浮き沈みを偏見なしで見守る心

これらは全て、「他者をどう見て、他者とどう関係を持つべきか？」を説く利他的な行いです。この中の［一］と［二］を実践するのは比較的可能ですが、［三］はかなり難しいと思います。なぜなら、「他者の成功、幸福を心から喜べる」というのは、なかなか簡単にできることではありません。それほど、私たちのプライド（慢心）は強く、自我にとらわれているということです。

ですが、まずはそのことに気づくことが大切なのです。

「ああ、まだ私には競争心があるな」と気づかされ、反省し、自己を見返すことが、「自利」を高めていくことにつながります。

「利他を行うことで、自利が高まる」という関係を知っておいていただきたいと思います。

また、ここで強調したいのは、「上座部仏教でも、他者への思いやりがしっかり説かれている」ということです。彼らは儀式の中で、この「メッタースッタ」（Metta Sutta、「慈経」）をよく誦《とな》えます。

その一部を紹介したいと思います。

「(目で)見えるものでも、見えないものでも、遠きに住むものでも、近くに住むものでも、すでに生まれたものでも、これから生まれようとするものでも、一切の生きとし生けるものは、安楽であれ。

誰であれ他人を欺いてはならない。何処にあろうとも他者を軽んじてはならない。敵意や怒りの想いをもって、互いに他人に苦しみを与えることを望んではならない。

あたかも母親が己が一人子を命を賭しても護るように、そのように一切の生きとし生けるものに対してもまた、無量の(慈しみの)心を起こせ。

すべての世界に対して、上に、下に、また横に。障碍なく、恨みなく、敵意なき、慈しみの心を起こせ。

立ちつつも、歩みつつも、坐しつつも、臥しつつも、眠らないでいる限りは、この（慈しみの）念いをたもて。これが梵住（崇高なる境地）である、と言われる。
諸々の邪見にとらわれず、戒をたもち、（真理についての正しい）知見を備え、色欲に対する貪《むさぼ》りを除けば、決して再び母胎に宿ること（再生）はないであろう」

大乗仏教

利他の行いは自利の行いを伴わなくてはなりません。そして大乗仏教ではこの利他行を特に強調しており、利他行を行う人々自体が「菩提薩埵《ぼだいさった》・菩薩」だと考えています。

この「菩薩」という言葉は、大乗以前からありました。もともとこの「菩薩」、つまり「菩提薩埵＝ボーディサッドヴァ（bodhisattva）」という言葉には、いろいろな意味合いがありました。例えば、先ほどお話しした「捨身飼虎」というジャータカでは、「利他行に専念する釈尊の前世は、『菩薩』と呼ばれていた」とされています。

そして大乗仏教では、人間性を超越した、「神々のような菩薩」が登場しており、「観音菩薩」「普賢菩薩」「弥勒菩薩」「文殊菩薩」「地蔵菩薩」などは人々の信仰の対象となって、一般に親しまれている存在となっています。
ちなみに、上座部仏教では、人々を救済するこのような超越的な菩薩は存在しません。「菩薩」といえば、主にジャータカで語られる「釈尊の前世」のことを指します。

大乗仏教の経典として代表的なものに、『法華経』があります。その特徴の一つに、「一般の在家者が菩薩になれる」という教えが強調されています。

ジャータカに登場する菩薩や、大乗仏教の超越的菩薩とは異なり、「一般の在家者たちでも真摯に求道することによって、菩薩となれる」としているのです。

日本の新しい仏教宗派、例えば「創価学会」「立正佼成会」、及び「霊友会」などは、『法華経』を重んじます。ですから、「一人ひとりが菩薩となって、世のために尽くす」という考え方が強く、それが基本理念となって彼らの利他行を後押ししています。

このように、「一般の信徒がそのまま菩薩として社会活躍する」ということは、私には「仏教の持つ力強さ」として感じられます。

また、大乗仏教には、「自未得度先度他《じみとくどせんどた》」という言葉があります。これは、

「私（自）はまだ悟っていない（未得度）が、「先」に、「他」の人たちを悟らせる（度）」という考えです。つまり、「自分より先に、他者を悟らせて救う」ということです。これは日本の曹洞宗の宗祖である、道元の考えを示した書物の中にも出てきます。

「自分が悟っていないのに、どうして他者を悟らせることができるのか？」

と疑問が起こるかもしれません。この解釈については、「利他行の大切さを極端に強調している表現である」と考えたらいかがでしょうか。

また、「他者を優先することで、自我への執着を軽減するという効果が生まれる」という考え方もできます。つまり、「無我の精神をもって、自利利他を実行できるようになる」のです。

大乗仏教では「菩薩道・菩薩乗」という言葉を使用しますが、その精神を代表する「四弘誓《しぐぜい》願《がん》」という教えがあります。武蔵野大学では「建学の精神」の中核におかれて非常に大切にされています（以下、山田龍城・意訳）。

［一］衆生《しゅじょう》無《む》辺誓《へんせい》願《がん》度《ど》

↓限りないほどいる衆生を救うことを誓います。
生きとし生けるものが幸せになるために〈度〉

[二]煩悩《ぼんのう》無《む》数《しゅ》誓願断《せいがんだん》
↓数えられないほどある煩悩を断じることを誓います。
私の「ひとりよがり」のこころをきよめ〈断〉

[三]法門《ほうもん》無《む》尽《じん》誓願学《せいがんがく》
↓尽きないほどある教えを学ぶことを誓います。
正しい道理をどこまでもきわめ〈学〉

[四]仏道《ぶつどう》無《む》上《じょう》誓願成《せいがんじょう》
↓この上ない仏の悟りを達成することを誓います。
生きがいのある楽しい平和の世界をうち立てたい〈成〉

この「四弘誓願」もたいへん高い理想を掲げていて、一般人にとっては実践不可能な行いのように思えるかもしれませんが、大乗仏教の菩薩道の自利利他行を代表する教えとして、いまでも重視されているのです。

大乗仏教の利他行として「布施・ダーナ（dāna）」が重視されてきましたが、これは必ずしも金銭や物だけではなく、「行動をもって施す」ということも大切なのです。

大乗を代表する修行項目である『六波羅蜜』には、布施の一種として、金銭や物を施さない、「無財七施」が含まれています。

＊眼施《がんせ》　やさしい眼差し
＊和顔施《わげんせ》　柔和の笑顔
＊言辞施《ごんじせ》　あたたかい言葉
＊身施《しんせ》　身体を使っての施し
＊心施《しんせ》　思いやりの心
＊牀座施《しょうざせ》　自分の席をゆずる
＊房舎施《ぼうしゃせ》　宿を提供する

これらは一般の多くの人々でも実践できるものです。

例えば、他者へ心を配る思いやりの「心施」や、笑顔で他者に接する「和顔施」、他者に席を譲る「牀座施」は、お金や財産がなくてもできる布施です。

ただ、ここで重要なことは、「見返り」を求めてはいけないということです。

このことは、大乗仏教では、「三輪清浄《さんりんしょうじょう》・三輪空寂《さんりんくうじゃく》」という教えで説明されていて、「三輪」、すなわち、施者（施す人）、施物（施されるもの・内容）、そして施受者（施しを受ける人）が「清浄であるべき」としています。

「清浄である」ということは、「執着しない」ということで、「見返りを求めて布施を行ってはいけない」ということになります。

「お年寄りに席を譲ったのに、お礼を言ってくれなかった！」と、「カチン」とくるようでは、「未《ま》だ執着に惑わされている」ということになります。

また、「〇〇をしてあげた」とか、「私はよいことをした」などと考えたとたん、清浄ではなくなるのです。

「躊躇なく、こだわりなく、布施を行い、行った後には瞬時に忘れよ」

ということなのです。

また、施されるもの（施物）ですが、「盗んだものを施す」ということは、当然、清浄ではありません。また、受ける側（施受者）も、「施されたものが思ったより少ない」などと考えてはいけません。

盗んだものを施したり、いただいたものを「少ない」と思うことは、「三輪清浄」ではないのです。

ここで、「三輪清浄」の精神に基づく社会活動の一例をご紹介しましょう。

米国ハワイ州に、老人たちの支援を行う「プロジェクト・ダーナ」という社会参加組織があります。「ダーナ」とは、サンスクリット語やパーリ語の「dāna」で、その漢訳がまさに「布施」なのです。

一九八九年に、浄土真宗のお寺から始まったもので、いまや仏教の枠を超えて、さらに宗教の枠も超えて、ハワイ州全体で盛んになっています。

つまり仏教の考え方が、アメリカのハワイ州全体で、一つのムーブメントを起こしているということなのです。

そしてその中核には、「見返りを求めない」という布施の精神が働いているのです。

こうした実践を通しても、自己を高めていく自利の側面がないと、利他の活動自体が貧しいものになってしまいます。他者のためになるということは、時には傲慢な気持ちを生みだす可能性がありますので、それに向き合うことが大切になるのです。

このような利他的な行いにおいても、常に自己を反省し、自己を高める「自利」の側面が求められるのです。

「自利亦利他」「自他利」「自利利他圓満」というように、「自利」と「利他」は、セットとしてお互いを高めるのです。

●――他者や社会に関する「四つの理念」

利他という行動には、「社会をどう見るか?」「社会をどう評価するか?」という問題が関わってきます。トランプ大統領のように、他者を無視したり、他者の間の差別を強調したりすることは、政治的な作戦としてはある程度有効的であるかもしれません。ところが、宗教的、特に仏教的な観点からは間違っているように思います。

仏教に基づいて社会をどう見ればいいのでしょうか?

ここでは、「一体観」「行為論」「平等観」「平和観・無暴力」という四つの理念を考えてみたいと思います。

この中で一番大切な理念は何でしょう？

それは「一体観」です。一体観とは、「私たちは縁によって成り立っている」ということです。

別の言い方をすれば、「つながっている」と言い換えることもできます。

つまり、「全てはつながっていて、一体である」ということなのです。

この一体観を表すものに、「帝釈天の宝珠網」というお話があります。私は「インドラの宝石ネット」と呼んでいます。

このネットは、終わりが見えないほど空に広がっていて、各網の目には、一つの宝石が付けられています。それらのたくさんの宝石が、ちりばめられたように輝いているのです。

ここで重要なことは、「宝石は単独で輝いているわけではない」ということです。神（Ｇｏｄ）のような超越的存在が宝石を輝かせているのではありません。周りの宝石から光をもらって、互いに輝かせあっているのです。

オバマ元大統領の２０１６年5月17日の広島原爆公園でのスピーチを聞いたときに、私はこの「帝釈天の宝珠網」の話を思い出しました。

「もしかすると、何よりも必要なのは、私たちがいかに世界の人々と互いにつながっていて、人類の一員であるのか、改めて思いをいたすことなのかもしれません（And perhaps, above all, we must reimagine our connection to one another as members of one human race.）」

「世界の人々と互いにつながっていて、人類の一員である」とは、いい言葉だと思います。まさに、インドラの宝石ネットの比喩が示す一体観と一致しています。キリスト教徒であるオバマ大統領の言葉をご紹介したのは、一体観とは必ずしも仏教だけに限らず、他の宗教でも合意できるということをお伝えしたかったのです。

実に、普遍性が高い理念だと思います。

そして二番目に大切な理念は、「行為論」です。これは、「人の価値は『生まれ』ではなく、『何をするか』によって決まる」ということです。これは、次の釈尊の言葉に現れています。

「生まれによって卑しい人となるのではない。生まれによって尊い人となるのではない。行為によって卑しい人ともなり、行為によって尊い人ともなるのである（『スッタニパータ』二九〇）」

カースト制度が絶対的社会秩序を構成していた古代インドで、この考え方は斬新でした。人々の可能性がその身分によって決定されていた時代に、釈尊は、下層出身の者を差別することなしに、弟子として受け入れたのです。

「どこで生まれたか？」が重要なのではありません。「何をしたか？」が重要なのです。

また、行動の重要性は、「責任感」という言葉でも表現できます。このことは、仏教者として世界で最も知名度が高い、チベット仏教を代表するダライラマ法王が、ノーベル平和賞を受賞したときの「記念スピーチ（一九八九年）」でも述べられています。

「私たちは、人間同士の、さらに私たちが共存している、この惑星に対する普遍的な責任感を養う必要があります。敵視する人々に対してさえも、愛と慈悲の気持ちを生じるようにするためには、私たちの仏教がその助けになるであろうことは明らかです。しかし、信仰の有無にかかわらず、思いやりの心や、普遍的責任感を育むことができるのも、また確かであると思います」

ダライラマがここで強調しているのは、「責任」ということです。私はこの社会の一員であるからこそ、「そこには責任が伴い、それは行為として実践されなければならない」と考えています。

実は、仏教の真実に目覚めていくと、「根底で私たちはつながっている」ということがより鮮明になり、種々な問題に対して行動ができるようになります。
釈尊は行為が伴わない人のことを、次のように言っています。

「言葉だけ美しくて、実行の伴わないのは、色あって香りのない花のようなものである（『法句経』）」

そして三番目に大切な理念は、「平等観」です。カースト制度の中のどのような身分のものでも、釈尊の弟子になることができました。

ビームラオ・ラームジー・アンベードカル（Bhimrao Ramji Ambedkar、一八九一〜一九五六年）という方をご存じでしょうか？

この方は、アウトカースト（不可触民）の出身ですが、アメリカやイギリスで法律を学び、博士号を取得し、独立したインドの憲法を作成したメンバーの一人となりました。

非常に重要な役目を果たした人ですが、アウトカースト出身だったために、他の人たちと同様に差別を受けました。

博士はヒンドゥー教を離れて、別の宗教を求めました。そして一九五六年、仏教に辿り着いたのです。アンベードカル博士は、仏教を礎《いしずえ》に、リーダーとなって多くのアウトカーストの人たちを仏教へと導きました。五十万人ほどの方々が、一挙に仏教徒になったといわれています。

いまでもインドでは仏教徒がかなり存在します。全国の人口の一パーセント弱くらいですが、ほとんどがアウトカーストの人たちです。彼らは仏教の「平等観」に惹かれたに違いありません。

そして最後に大切な理念は、「平和観・無暴力」です。これはヒンドゥー教にも通じるもので、ガンジーが行動で示しました。仏教でもこの理念はしっかりと説かれています。

そのことを代表する有名な釈尊の言葉があります。

「この世において、いかなるときも、多くの怨《うら》みは怨みによっては、決してやむことがない。怨みを捨ててこそやむ、これは永遠の真理（法）である（『ダンマパダ（法句経）』五）」

この言葉について、日本の歴史に関係するお話をしましょう。

戦後、日本が占領されて、一九五一年に平和条約（サンフランシスコ条約）を結ぶことになりました。その会議で、日本は多額の賠償金を請求されます。このことに反対した人たちは、「日本にそんなに負担をかけると、それがまた恨みとなって、新たな問題が起こる」と考えました。

実はドイツがその先例でした。第一次世界大戦後の多額の賠償責任が負担となり、その不満からヒットラーが登場してきたのでした。そのことを知っていた、ジュニウス・リチャード・ジャヤワルダナ（Junius Richard Jayewardene 一九〇六～一九九六年）というスリランカの政府代表が、引用した言葉がこの『法句経』の仏教の言葉だったのです。

「憎悪は憎悪によって止むことはなく、慈愛によって止む（only through love）」

と、表現を少し変えて、流暢な英語で話したことが記録に残っています。

この発言があったからこそ、会議の流れが変わり、日本への負担が軽減されました。その結果、その後の日本経済が成長し、裕福な経済大国にもなっていったのです。

つまり、このジャヤワルダナ氏の発言は、「セイロン（正論）」だったのです！（このシャレは、私が授業を担当する学生たちに言っても、誰も笑ってくれません。セイロン＝スリランカの昔の国名であることを知らないからです……）

これらの四つの理念は、私が長年仏教の授業を担当してきて、自ずとまとまってきたものです。どの宗教でもすでに主張しているような理念かもしれませんが、この理念は、これまでの私の教育経験と研究経験を通して、自然と辿り着いた結果なのです。
利他行の理念として、自信と確信を持って提示することができます。

さらに、強調したいのは、この四つの理念は、「ある程度の自利が高まれば、すでにその人の目覚めの内容となっている」という点です。

つまり、これらの理念は、外部にある法律のように、自分の行動の理念として当てはめるようなものではありません。

「一体観」「行為論」「平等観」「平和観・無暴力」は、彼らの性質としてすでに内部に備わっているのです。自然に感じて、自ずと実践しているものなのです。

●―利他行は「目覚めの自然な証し」

さて、「自利」が目覚めの方向へと高まっていけば、自然に「利他」へと働き出し、「利他」が発生します。たとえ自利が完璧な「目覚め」に到達しなくても、少しでも他者とのつながりに目覚めることができれば、自然と他者のために努めるようになっていくのです。

このことは、釈尊をはじめ、私たちが尊敬する仏教者の人生と生き方を見れば、明らかです。

京都大学の西平直《にしひらただし》教授は、能の大成者である世阿弥について、同じような働きがあると語っています。

能を学び求める人は、稽古を行い、修業を積んでいくのです。別な言い方としては、「形を学ぶ」といってもいいでしょう。西平先生はこの段階を、「用心を養う」と言っています。

ところが、その用心がある程度完成されたとしても、それに執着してはいけません。ある時点で、「学んだことを手放し、『無心』という境地へ行かなければならない」というのです。

仏教的にいえば、この「無心」は、「利他」に匹敵するものだと思います。

従って、「用心から無心への働き」は、仏教の「自利から利他への働き」と重なります。

大切なことは、「無心とはダイレクトに用心から発生する」ということですが、無心はじっと止まっているものではなく、あらたに動き出すものなのです。

教授は、「働かざるを得ない、あらたな我になる」と表現されています。とても魅力的な表現です。「じっとしていられない、そして、いまこの瞬間、現実に出て行かざるを得ない」と感じるのです。

この無心的な境地は、「用心」が向上すると、自動的に「無心」として働き出ていくのです。

もしそうではないとすると、その用心は本質をつかんではいないということです。

仏教とは異なる「能」という伝統の中でも、同じようなことがいわれているのです。武道や芸術などの世界にも、仏教的な真実に重なるところがあることに、私は強く共感しています。

次に、「目覚めの自然な証し」として、自利から利他に励むようになった二人の仏教者をご紹介したいと思います。

まずは、高木顕明《たかぎけんみょう》師（一八六四〜一九一四年）という真宗大谷派のお寺出身の僧侶です。

高木師のお寺の門徒さんには、収入の少ない方がたくさんいました。高木師は、「彼らからお布施をいただくのは申し訳ない」と思い、布施をいただくのを遠慮したのです。そのため、主な収入源がなく、自ら按摩（手技療法）の勉強をし生活を立てました。

高木師はさまざまな社会的運動にも関わっていました。日露戦争への反対運動や反娼婦運動など、いろいろな活動を行いました。しかし、このような社会的運動に関わっていたことから、一九一〇年に大逆事件が起こったときに、その関与を疑われて逮捕されてしまいます。

もちろん冤罪なのですが、四年後には獄中で亡くなってしまいました。

高木師が逮捕されたときに、真宗大谷派は、高木師を批判し、僧籍を剥奪しました。大谷派という教団は当時、政府とうまくやっていく必要があったことに加えて、社会運動で罪を疑われるような僧侶がいることは、とても都合が悪かったのでしょう。

しかしその後、八十六年後の一九九六年になって、

「かつて僧籍を剥奪したのは間違いであって、高木先生は利他行を実践していた尊敬すべき僧侶であった」

とようやく高木師の僧籍が復帰し、名誉回復がなされました。

次にご紹介するのは、真言宗御室派の僧侶である中嶌哲演《なかじまてつえん》師（一九四二年〜）です。この方は長い間、自利の行い、つまり哲学的な思索を懸命に深めて勉強に励んでいましたが、なかなか確信できるものは得られませんでした。

ところが、あるとき、原爆の被害者に会って、「ずっと自利に励んでいた自分が、『利他』の意義を理解することができた」として、次のように語っています。

「弘法大師は、『仏教は自利と利他に尽きる』とおっしゃっています。自分自身の生死の不安

や恐怖にのみこだわり、現世の一切を否定的に相対化するニヒリズムに落ち込んでいた私は、現実の地獄を体験された原爆被爆者との出会いと、その援護活動に関わったことによって、ようやく『利他』に関わり始め、それと『自利』との結合を探求する道に入ったと言えます」

中嶌師は、真言宗の宗祖弘法大師の、「仏教は自利と利他に尽きる」というお言葉を励みとして、いまは反原発の活動に、真剣に積極的に関わっていらっしゃいます。

どのような活動に関わるか、またどの立場が正しいのか、それは人それぞれが決めることです。反原発の方もいらっしゃれば、原発容認の方もいらっしゃると思います。中嶌師の場合は、「原発廃止を実現することで、人間社会の苦しみを排除したい」という一念で、真摯に活動されているのです。

◉――高まる利他行の動き

「仏教では、利他行が比較的強調されてこなかった」と言いましたが、最近ではこの状況がかなり変わってきているようです。

特に、東南アジアや、台湾といった、仏教が強い国々においては、多くの利他行的な活動が活発に行われています。

例えば、スリランカのサルボダーヤ（sarvodaya＝「全てを掲げ上げる」）や、台湾の「慈済」という運動があります。これらは、社会参加仏教（エンゲージド・ブッディズム、engaged Buddhism）としてもよく知られています。

私は日本でも、「その傾向が高まっている」と感じています。特に二〇一一年に起こった東日本大震災の後には、仏教者や仏教教団のより活発な社会貢献が行われるようになったように思います。

武蔵野大学にも「臨床宗教師」の養成講座が、二〇一六年四月に開始されました。この養成講座の修了生は、老人ホーム、病院、災害被災地域などの社会が必要とするところへ出向いて、精神的な力になることを目的としています。

一般社会の臨床宗教師への関心は非常に高く、こういった養成講座は、多くの仏教系大学で設置し始められているようですが、武蔵野大学では七人の定員枠に、なんと五十名の応募者が殺到しました。私も主催者側の一員として、うれしい悲鳴を上げているところです。

また、全日本仏教会は、その機関紙である『全仏』の二〇一八年一月号で、「宗教と社会貢献」

を特集していたりするなど、仏教が二千五百年間も重視してきた「自利」と「利他」の行いは、今日の日本仏教において（特に「利他行」は）、以前よりも広がりを見せていると言えるでしょう。

これは、仏教にとっても、日本社会にとってもよいことだと思います。

●終わりに

今回の要点をまとめますと、次のようになります。

［一］自利と利他は、仏教の最初から幅広く重要視された教えである。

［二］利他行は、他者の出世間的なニーズ（悟り・宗教的）、と世間的なニーズ（衣食住・災害など）を目的とする。

［三］従来の日本仏教は、社会の外にあり、利他行には消極的であるというイメージが強かった。特に、キリスト教に比べればそのように映る。

［四］しかし、釈尊の悟りと生涯は、自利と利他の円満の象徴でもある。

［五］仏教における利他行の伝統は、ジャータカ物語から今日東南アジアに広まる上座部仏教においても根強く実践されている。大乗仏教になると利他行が「三輪清浄」の精神が示すよう

にさらに強調されてきた。

[六] 社会に向けての利他行は、一体観、行為論、平等観、および平和観・無暴力という理念が大切にされるべきである。実は、この理念は、自利が円満になることで自然と備わるのである。

[七]「自利」の円満は、自然に「利他」へと働き出て、「利他」が発生するのである。この自利と利他の関係は、能の伝統における「用心」と「無心」の関係にも見られる。

[八] 自利が悟りとして完成されていなくても、利他を行うことで、自利の成長を促してくれることになる。従って、自利と利他は相互関係にあり、お互いを成長させ、両方が完成すれば「自利利他圓滿」する。

[九] 高木師のように利他行に人生を捧げた仏教者もいましたが、近年、特に東日本大震災以降、日本仏教では、社会への貢献を重視するムーブメントが高まっている。

これらを考えることで、「他者への慈しみ」という日頃忘れがちな仏教の目的を、再認識することができるはずです。

Buddhism
and
Compassion

〔オムニバス仏教講座〕
仏教と慈しみ
II

初期仏教における利他

Niisaku Yoshiaki
新作慶明

はじめに

仏教では、自らを利益することを「自利」、他を利益することを「利他」といいます。

ここで、「利益」は「りやく」と読み、われわれが現代語で使用する、「経済的なもうけ・得」などを意味する「りえき」とは異なり、苦悩からの解放や、宗教的な意味での救済を意味します。

したがって、自利とは、「自ら修行し、さとりなどの善い結果を受けること」、また、利他とは、「自己のためではなく、生きとし生けるもの（衆生）の救済のためにつくすこと」をいいます。

一般に、大乗仏教では、自利と利他の両方を兼ね備える菩薩が理想とされています。

大乗仏教徒は、自らの教えを「大乗（大きな乗り物）」と称し、それ以前の伝統的な仏教の修行者は、自利のみを目指しているとして批判的に、「小乗（小さな乗り物）」という呼称を用いました。

このような大乗仏教徒の見解によるなら、

「大乗仏教以前には利他が説かれておらず、大乗仏教に入って初めて利他が説かれるようになったのではないか？」

と考えることもできます。

多くの概説書においても、伝統仏教では自分のさとりだけを目指す、すなわち自利のみを説くのに対し、大乗仏教では利他が強調され、自利利他が説かれているといった記述が見られます。

それでは、仏教の開祖である釈尊時代の仏教とされる初期仏教において、利他は説かれていないのでしょうか？　説かれているならば、いったいどのような形で説かれているのでしょうか？

ここでは、以上のような問題意識のもと、釈尊の説いた教えに近いものが残されているとされる、初期仏教の経典の言葉をたよりにして、初期仏教における利他について見ていきたいと思います。


まず最初に、「初期仏教の利他」と、「大乗仏教の利他」の特徴について、佐々木閑先生の見解をご紹介しておきます。


もちろん、「釈迦の仏教」にも「利他」の概念は存在しますが、そこでは「自利をベースにした利他」を基本構造としています。……これに対して大乗仏教の利他はもっと直接的で「自分を犠牲にしてだれかを救うこと」が基本となります。

（佐々木閑『別冊100分de名著 集中講義 大乗仏教』pp.41–42.）

ここで佐々木先生の見解として注目されるのは、大乗仏教だけではなく、釈迦の仏教（初期仏教）にも利他の概念があると述べられていることです。

また、佐々木先生は、「釈迦の仏教における利他は『教育、指導』、大乗の利他は『自己犠牲』である」とわけています（「仏教における「利他」の二つの概念」『科学』81-1 2011）。

同じ「利他」という概念であっても、初期仏教の利他と大乗仏教の利他とでは、意味が異なると述べていることも注目されます。

これから、初期仏教において、利他がどのように説かれているのかを見ていきたいと思いますが、はじめに、初期仏教における利他との比較のため、大乗仏教の利他から見ていきましょう。

◉――大乗仏教の利他

■捨身

佐々木先生は、大乗仏教の利他は「自己を犠牲にしてだれかを救うこと」と述べていますが、念頭にあるのは、他者を救うために我《わ》が身を捨てて施す「捨身《しゃしん》」であると思われます。

捨身にはさまざまな種類がありますが、有名なものに、法隆寺の玉虫厨子《たまむしのずし》に描かれる「捨身《しゃしん》飼虎《しこ》」があります。概要は次の通りです。

あるとき、王子が２人の兄と森に遊んでいると、飢えに迫られている七匹の子虎を産んだ母虎に遭遇します。その母虎は、今にも子虎を食べようとしています。２人の王子の兄は逃げ出してしまいましたが、残った王子（釈尊の前世とされます）は子虎を救うために、絶壁にのぼり自らの身を捨てて母虎に施して飢えを満たし、子虎の命を救いました。

（『金光明経《こんこうみょうきょう》』、取意）

このエピソードには、自らの命を捨てて他者に施す、自己犠牲の利他が説かれています。このような自己犠牲の利他は、釈尊の前世の物語である前生譚（ジャータカ）にも説かれています。

釈尊は人間として誕生し、人間として入滅（亡くなること）しましたが、後代の弟子たちは、「釈尊が今世でさとりを獲得することができたのは、この一生だけに善行を積んだからではないはずだ」と考えるようになります。

仏教を含むインド思想では、「自らが行った業（行為）の結果を、自らが享受する」という考え（これを自業自得といいます）があり、それが、死後に迷いの世界に繰り返して生まれる、「輪廻転生」と結びついています。

つまり、前世でなした善い行いの結果を、今世で享受することがあるわけです。

「釈尊が輪廻を認めていたかどうか」については議論のあるところですが、仏教でも輪廻が採用されていきます。

そのような理由で、「釈尊は過去世において、幾度となく利他の善行を実践していた。だから今世でさとることができたのだ」と考えられるようになったのです。

そして、大乗仏教の経典においても、釈尊の過去の善行が説かれているのですが、その代表的なものが、捨身飼虎というわけです。

■自未得度先度他

また、大乗仏教の利他の精神を表すものとしてよく知られているのが、「自未得度先度他《じみとくどせんどた》」（『大般涅槃経《だいはつねはんぎょう》』）という考え方です。

ここで「度」という字は、現代語では「渡」にあたりますので、自未得度先度他とは、「自らが未だ渡らないで他人を渡す」、つまり、此岸《しがん》（まよいの世界）から彼岸《ひがん》（さとりの世界）へ自分が渡る前に他人を渡す、という意味になります。これは、「自分は後回しでいいから先に他人を幸せにしたい」という、大乗仏教で大事にされている精神です。

しかし、この自未得度先度他に対して、日本テーラワーダ仏教協会のアルボムッレ・スマナサーラ長老は、疑問を呈しています。

スマナサーラ長老は、一般に「テーラワーダ仏教（いわゆる小乗仏教）では、自利のみが目指される」と解釈されていることに対して、「自利と利他はわかれない」と主張します。

そして、大乗仏教の精神である自未得度先度他について、次のように指摘します。

……大乗仏教で尊ばれる「自未得度先度他」（自らは解脱せずに他を先に解脱せしめる）という思想に接したとき、テーラワーダ仏教徒が感じる疑問です。解脱という究極の境地を自分で確かめずに、他人にそれを勧めるのは失礼ではないか、ということです。またたとえば、山のなかに入って、おいしそうなキノコを見つけた。これはもしかするとごちそうではないかと思って料理して、自分が食べる前に「君、食べてみなよ。おいしかったらそう言ってごらん。僕も食べますから」という人がいたら、腹が立つのではないでしょうか？　客観的に考えて、素性の分からないキノコを自分で食べる前に、他人に食べさせるというのはほめられた話ではありません。そうではなく、キノコについて知識のある人が、「このキノコはかなりおいしそうだ。まだ知られていない種類だけど、自分の学問的な知識からいうと、これはおいしいに違いない。まず私が料理して食べて、みんなに安心させて、それで、他の人にも勧めよう」というなら、筋が通っています。

（アルボムッレ・スマナサーラ『テーラワーダ仏教「自ら確かめる」ブッダの教え』pp.30–31.）

ここでスマナサーラ長老は、自未得度先度他を、素性の分からないキノコを自分で食べる前に相手に勧めることにたとえており、自分が食べてから他人に勧めるのであれば、筋が通っていると述べています。たしかに、論理的にはこのように考えることも可能です。

このスマナサーラ長老の疑問は、本当の意味での利他とは何かを考えるときに、大事なポイントになると思われます。

今は疑問を確認するだけにして、またのちほど、改めて考えてみたいと思います。

●——釈尊の利他

■さとりから説法へ

ここまで大乗仏教の利他を見てきましたが、ここからは、釈尊の生涯から、釈尊の利他を見ていきたいと思います。釈尊とは、仏教の開祖のことを指しますが、仏教の開祖として他には「ブッダ（buddha）」という呼び名も知られています。

しかし、「ブッダ」というのは、「目覚めた人」を意味する一般名詞で、インドの仏教以外の宗教でも「ブッダ」と呼ばれる人が存在します。

したがって、仏教の開祖のことを指すときには、単に「ブッダ」といわれることもありますが、釈尊の姓にあたる「ゴータマ」（釈尊の個人名はパーリ語で「ゴータマ・シッダッタ」）を付してゴータマ・ブッダと呼ばれます。

さっそく、釈尊の利他を見ていきたいのですが、まずは、八相成道《はっそうじょうどう》で釈尊の一生を確認しておきましょう。

①降兜率《ごうとそつ》：兜率天《とそつてん》から白い象に乗ってこの世に降りてくる。
②託胎《たくたい》：摩耶夫人《まやぶにん》の右脇から入って母胎に宿る。
③出胎《しゅったい》：摩耶夫人の右脇から誕生する。
④出家：〔二十九歳のとき〕老・病・死の苦悩からの解放を求めて出家する。
⑤降魔《ごうま》：菩提樹の下で修行を妨げる悪魔を退ける。
⑥成道《じょうどう》：〔三十五歳のとき〕さとりを獲得しブッダとなる。
⑦転法輪《てんぽうりん》：弟子たちに説法をする。
⑧入滅《にゅうめつ》：〔八十歳のとき〕娑羅双樹《さらそうじゅ》の下で涅槃に入る。

八相成道とは、釈尊の生涯における八つの重要な出来事を示していますが、釈尊が入滅してから数百年たったころに出来上がる、「仏伝」（釈尊の伝記）に説かれるもので、人間として生まれ・入滅した釈尊が神格化されて描かれています。したがって、これらをこのまま「歴史的な存在としての釈尊が経験したこと」と見ることはできません。

今は、一つひとつを詳細に見ていくことはできませんが、ここでは、「④出家」、「⑥成道」、「⑦転法輪」についてだけ補足しておきたいと思います（これらについては、神話的な要素はとくに見られません)。

釈尊は、シャカ族の王子として生まれ、王宮で物質的に恵まれた生活をおくっていました。

ところが、ある日、城外に出たときに、「老人」「病人」「死人」に出くわし、人生の苦しみを知り憂います。そして、沙門(自らの道を求める修行者)と出会い、出家を決意します。

このエピソードは「四門出遊」といわれ、釈尊の出家の動機を物語るものとして知られています。

ここで、確認しておきたいことは、釈尊は「老・病・死」という人生の苦からの解放、つまり自分自身の苦悩から解放されることを目指して、出家を決意したということです。

出家とは、「社会生活を放棄して沙門となること」を意味します。

釈尊は小国の王子であり、妻子とともに生活をしていましたが、社会的な身分や立場、世間的な生活を棄てて、沙門となりました。

出家後、六年間、断食などの苦行を行いますが、心の平穏を得ることができませんでした。しかし、三十五歳のとき、苦行を離れ、菩提樹の下で瞑想に入り、さとりを獲得しました。

これを「成道」といいます。そして、さとりを獲得した釈尊は、かつての苦行仲間に初めての説法(初転法輪)を行い、その後四十五年間、多くの人々に教えを説き、人々を導きます。

これこそが、他者を利益する、利他に他なりません。つまり、釈尊の利他は、「説法を通じてなされる」ということになります。そして、八十歳で入滅します。

以上、出家、成道、転法輪を中心に釈尊の生涯を概観しましたが、このような釈尊の生涯について、高崎直道先生の興味深い指摘があります。

直接に釈尊の体験を反映しているとみられるパーリ聖典『中部』のうちの『聖求経』によると、釈尊は「聖なるものの追求」のために家を捨て、世間との関係を断った。その聖なる目標とは「不死・安穏なる涅槃」を求めるもので、釈尊は生老病死ある身に患いを知って、患いのない無上の安穏なる涅槃を得、そのことを自覚（さとりを獲得）した。ここに至るまでの釈尊の心中には他者への思い、他者の利益を顧慮することは全く姿を現していない。他者のことがその心中に浮かんだのは、この涅槃を得たとの自覚の直後のことであった。

（高崎直道「慈悲の淵源」『大乗仏教思想論Ⅰ』p.126 傍線および（ ）内は筆者による）

『聖求経』は、「聖なるものの追求」、つまり涅槃（さとりの境地）を求めることが中心に説かれる経典ですが、釈尊の生涯や体験を知るための重要な資料ともなります。

高崎先生は、その『聖求経』に説かれる内容から、「生老病死の苦悩を知り、出家した釈尊が涅槃を獲得する、そこに至るまでには、他者への思いや利他が見られない」ということを指摘します。

そして、「他者のことが心に浮かんでくるのは、涅槃を獲得した後である」というのです。涅槃を獲得することは、自分自身が苦悩から解放されることですから、自利に他ならず、「ここに利他はない」ということになります。

また、そのことは、「釈尊がさとりを獲得した後、すぐには教えを説くことを決意したわけではない」という経典の内容からも確認されます。

成道（八相成道の⑥）と転法輪（同⑦）の間に、次のような心の逡巡《しゅんじゅん》があったとされています。

わたしのさとった真理は深遠で、見がたく、難解であり、しずまり、絶妙であり、思考の域を超え、微妙であり、賢者のみのよく知るところである。ところがこの世の人々は執着のこだわりを楽しみ、執着のこだわりに耽り、執着のこだわりを嬉しがっている。〔中略〕だから、わたしが理法（教え）を説いたとしても、もしも他の人々がわたしのいうことを理解してくれなければ、わたくしには疲労が残るだけだ。わたしには憂慮があるだけだ。

（『相応部経典 第一巻』p.217）

このように、さとりを獲得した後、釈尊は、はじめ世間の人に説法することを躊躇していました。その理由は、「自分が苦労して獲得したさとりは、深遠で見にくいものであるので、教えを説いたとしても、世間の人は理解することができないであろう」と考えたからです。しかし、八相成道でも「成道」の後「転法輪」と続くように、釈尊は入滅するまでの四十五年間、他人を利益するために教えを説きました。

ここで、高崎先生の指摘をもう一つ確認しておきましょう。

> 悟りは「自利」であるが、説法を通じて「利他」となる。この両面を具えてはじめて、ブッダは世の尊敬を受けるに値する。……そして、自覚すなわち自利は「智慧」のはたらきにもとづき、覚他すなわち利他行は「慈悲」の心に発する。かくて、智慧と慈悲とはブッダのもつ基本的徳性と見なされる。
>
> （高崎直道『仏教入門』pp.31-32.）

この指摘で重要なことは、ブッダの特性は「智慧」と「慈悲」を具えていることとされますが、「釈尊がさとりを獲得したときに、両者を具えていたとは見なされていない」ということです。

さとりは自利であり、説法を通じて利他となりますが、自利から利他への契機となるのが、梵《ぼん》天勧請《てんかんじょう》です。

■梵天勧請

「釈尊はさとりを獲得した後に、他の人に説法することを躊躇していた」ということを見ましたが、自分だけでさとりの境地を楽しんでいたと伝えられています。

そのような釈尊の心中を察したのが、梵天です。

梵天は、釈尊に体験したことを他人のために説くように請います。

この梵天勧請のエピソードは、「当時のヒンドゥーの最高神が、釈尊に教えを請うた」ということで、仏教の権威を高めていることを示していますが、釈尊が自らのさとりの体験を他人に説く、つまり自利から利他への契機となったという点でも重要です。

また、この自利から利他への間には、見過ごせない重要なことがあります。梵天勧請のエピソードを見ていきましょう。

譬えば、山の頂にある岩の上に立っている人があまねく四方の人々を見下すように、あらゆる方向を見る眼ある方は、真理の高閣《たかどの》に登って、〔自らは〕憂いを超えていながら〈生まれと老いとに襲われ、憂いに悩まされている人々〉を見そなわせたまえ。起《た》て、健き人よ、戦勝者よ、隊商の主よ、負債なき人よ、世間を歩みたまえ。世尊よ、真理を説きたまえ。真理をさとる者もいるであろう。

そのとき尊師（釈尊）は梵天の懇請を知り、生きとし生ける者へのあわれみによって、さとった人の眼によって世の中を観察された。
（『相応部経典 第一巻』p.219 傍線および（ ）内は筆者による）

梵天は、「教えを説けば真理をさとることができる人もいる」と釈尊に説法を懇請します。釈尊は、すぐにはその梵天の願いを受け入れなかったとも伝えられていますが、梵天の懇請を聞き入れ、他人への説法を決意します。

ここで、まず見過ごせないのは、梵天に請われた後に、釈尊にあわれみが生じているということです。

これまでにも、「さとりに他者を利益する心である慈悲が存在するのか？」という問題については、研究者によってさまざまな見解が示されていますが、「さとりを獲得すれば、そのまま慈悲が発動する」という解釈もなされています。

この解釈にしたがえば、さとりに慈悲が内在するということになりますが、右の引用の傍線部からは、「生きとし生けるものへのあわれみが起こるのは、梵天に請われた後である」ということが確認されるのです。

また、「さとった人の眼（智慧）によって、世の中を観察している」ということも重要です。「世の中」という翻訳の原語は、ローカ（loka）ですが、このローカには「世界」「世の中」という意味だけではなく、「世の人」という意味も含まれています。

つまり、釈尊は、梵天に請われて、世の中、あるいは世の人をさとりの智慧によって観察しており、その智慧によって観察したところ、

「汚れの少ない人、汚れの多い人、精神的素質の鋭利な人、精神的素質の弱くて鈍い人、美しいすがたの人、醜いすがたの人、教えやすい人、教えにくい人」がいるということを見た（『相応部経典』）

というのです。この「世の中の観察」は、さとりの智慧がないとできません。

つまり、さとりという自利なくして、世の中の観察をすることができないのです。説法は、その後になされていくことになります。

以上のように、まず、釈尊の利他とは、「他者に教えを説くこと」、つまり「説法を通じてなされる」ということになります。そして、その利他には、佐々木先生が大乗仏教における利他の特徴としてあげる、「自己犠牲の精神」は見られません。

また、佐々木先生の指摘する初期仏教の利他の特徴である、「自利をベースにした利他」ということも確認することができます。

釈尊がさとりを獲得した後、梵天に請われて説法をするまでに、世の中を観察していることが経典に説かれていました。

つまり、自利（さとり、およびさとりの智慧による観察）をベースとして、説法を通じた利他が可能となるのです。

■釈尊の説法

ここで、釈尊の説法の特徴についても確認しておきましょう。

釈尊の説法は、「対機説法」といわれます。

「相手の能力や立場に応じて説法する」という特徴をもっており、病に応じて薬を与えること（応病与薬《おうびょうよやく》）にたとえられます。

釈尊が何をさとったのかは大変難しい問題ですが、釈尊が獲得したさとりとは個人の内観の問題であり、言語を超越したものであるとされています。

ここでは詳しく検討を加えることはできませんが、釈尊のさとりとは、「〇〇である」と誰にでも同じように、一つの動かぬ絶対の真理として語られるものではなく、「ものごとのありのままである」ということができます。

つまり、釈尊のさとりとは、この世の普遍的な道理であり、特定の誰かにだけ伝わるものではありません。ブッダが「目覚めた人」という意味であるように、各人が目覚めていくべき道理ということになります。

苦しんでいる人々は、それぞれの能力や置かれた状況が異なるため、「目覚めるべき、ものごとのありのまま」も異なるということになりますが、釈尊は、それぞれの人の能力や状況に応じて、さまざまな形で教えを説いていくのです。

仏教では、「八万四千の法門」といわれるように、多様な教えが残されていますが、それは、対機説法により、種々さまざまに教えが説かれているからなのです。

ここで説法の具体例として、「子どもを亡くした母親への説法」を見ていきましょう。

幼い子どもを亡くしたキサー・ゴータミーという母親は、気が狂い、遺体をもって町に出て、「病を治す者はいないか」と探しますが、見つかりません。町の人は、そのゴータミーの姿を見て哀れみ、釈尊のもとに行くようにと勧めます。釈尊はゴータミーに「町に出て、芥子《けし》の実を四、五粒もらって来なさい。そうすれば、その子の病気は治る」と説きます。そして、「ただし、その芥子の実を今まで死人を出したことのない家からもらうこと」と条件をつけます。ゴータミーは喜び、家々を回り、芥子の実を探します。しかし、芥子の実をもらうことはできても、死人が出たことのない家はありませんでした。やがて、ゴータミーは「人は誰でも死ぬ」ということに気づき、ブッダのもとに戻ります。

（『法句経註』、取意）

ここに、釈尊の説法の特徴を見て取ることができます。

釈尊がゴータミーに気づかせたかったことは、「死は誰にでも訪れる」という諸行無常の教えですが、釈尊は、ゴータミーに正面からその教えを説いていません。

「芥子の実を、死人が出たことがない家からもらってくるように」と説き、ゴータミーに「死人が出たことがない家はない」という事実を巧みな方法で知らせ、「人は必ず死ぬということに、自分自身で気づかせている」ということがわかります。

ここで、釈尊の施した「薬」は適切であったということになりますが、ゴータミーにどのようにしたら気づかせることができるかを観察し、適切に説いていることになります。

つまり、観察がなければ、病に応じて薬を与えるということはできないのです。

大乗仏教の代表的な菩薩として、慈悲救済《じひくさい》を特徴とする、観世音菩薩（観音菩薩ともいう）が知られていますが、観世音の「観」は、「観察する」「見る」という意味で、「世の音」を観察する菩薩となります。

世の音を観察するとはどのような意味なのでしょうか？

観世音菩薩は、世間（世間の人）の音（悩みや不満などの声）を観察して、救済する菩薩とされます。

つまり、観察なくして、救済はなされないのです。

さとりの智慧を獲得することによって、他人を観察することができるということについては、教理的にも補足することができます。

大乗仏教とそれ以前の仏教の相違としては、「大乗仏教では生きとし生けるもの（一切衆生）がさとりを獲得することができ、ブッダとなることができる」とされるのに対し、大乗仏教以前の仏教では、「最終的に修行者が到達可能なのは阿羅漢《あらかん》（羅漢《らかん》とも）の境地」とされます。いわゆる小乗仏教の修行者の到達目標が阿羅漢の境地といわれるように、一般にこの阿羅漢は、「自利のみを目指す人」だとされています。

ところが水野弘元先生は、初期仏教で説かれる阿羅漢が必ずしもそうでないことを指摘しています（『仏教の基礎知識』p.222以下）。

その理由は、「阿羅漢が三明六通の智慧を得る」とされることです。

三明と六通（六神通）とは次の通りです。

《三明《さんみょう》》
宿命明《しゅくみょうみょう》：過去世を見通す智慧。
天眼明《てんげんみょう》：死後の世界を見通す智慧。
漏尽明《ろじんみょう》：煩悩（漏）が滅したときに得られる智慧。

《六神通《ろくじんずう》》
神足通《じんそくつう》：どこにでも行ける能力。
天眼通《てんげんつう》：三明の「天眼明」に同じ。

天耳通《てんにつう》：あらゆる音を聴く能力。
他心通《たしんつう》：他人の心を読み取り洞察する能力。
宿命通《しゅくみょうつう》：三明の「宿命明」に同じ。
漏尽通《ろうじんつう》：三明の「漏尽明」に同じ。

三明のうち、「宿命明」と「天眼明」は、六神通のうちの「天眼通」と「宿命通」と同じものですが、「天眼明（天眼通）」については、中国で作られたとされる『盂蘭盆経《うらぼんきょう》』において、釈尊の二大弟子の一人である目連《もくれん》が、母親の死後の世界を見たことでも知られています。天眼通によって見ると、母親は餓鬼に落ちており、その母親を救うために僧たちを供養します。「盂蘭盆会」はこの経典にもとづく法要です。

さて、水野先生は、これら三明六通に多少の誇張があることを認めつつも、六通の中に教化救済に必要な能力が含まれていることに注目します。

つまり、「一般に自利のみを目指すとされる阿羅漢にも、他人を観察するなどの教化者として必要な力がそなわっている」というのです。

阿羅漢とは「応供《おうぐ》」と訳され、「供養を受けるべき人」を意味します。

仏教教団の出家者は、一般の信者から衣・食の供養を受けて修行生活をするのですが、水野先生は、「阿羅漢は信者に利益を与え、そのために『供養を受ける資格のある人』であるので、利他救済の面がある」と解釈しています。

また、釈尊の活躍していた時代に、弟子六十人が阿羅漢となったといわれていますが、釈尊がその弟子たちにむけて、次のように説いていることも注目されます。

わたくしは、天界のきずなであろうとも、人間のきずなであろうとも、すべてのきずなから解き放たれている。修行者たちよ。そなたらも、天界のきずなであろうとも、人間のきずなであろうとも、すべてのきずなから解き放たれている。多くの人々の利益のために、多くの人々の幸せのために、世間の人々をあわれむために、神々および人間の利益のために、幸せのために、遍歴をなせ。一つの道を二人で行くな。

(『相応部経典 第一巻』p.165 傍線は筆者による)

ここで、「きずなから解放されている」と説かれているのは、「解脱している」という意味ですが、釈尊は解脱して阿羅漢になった弟子たちに、各地を遍歴して説法をすることを勧めています。ここに、「多くの人々の利益のために」、「多くの人々の幸せのために」、「世間の人々をあわれむために」などと説かれていることが注目されます。

このような表現は、初期仏教の経典にしばしば見られますが、釈尊があわれみによって他者のために説法を決意したのと同じように、弟子たちにも他の人のために、他者の利益のために教えを説くように勧めているのです。実際に、阿羅漢の弟子たちは各地に遍歴し、教えを説いていますので、「利他をなしている」といえます。

このように見ていくと、初期仏教で説かれる阿羅漢は、「単に自利のみを目指す人として説かれているわけではない」ことがわかります。

さて、釈尊の説法に話を戻して、ゴータミーの説話からもう一つ確認しておきましょう。釈尊は「死は誰にでも訪れる」ということを直接的に説くのではなく、ゴータミー自身に気づかせていましたが、これも重要な特徴といえます。

つまり、釈尊の説法によって、直接的な救済が得られるのではなく、説法を受けた人は、その説法の内容を通して、自分自身で気づいていく（目覚めていく）、ということが必要となるのです。

さきほど見ました『聖求経』の続きにも、同様のことが説かれています。

……修行僧たちよ、耳を傾けなさい。不死（涅槃）が得られた。わたしは説こう。わたしは教えを示そう。教えられた通りに行なえば、ほどなくして、良家の子息たちがそのために正しく在家から家なき状態へと出家した、その目的である無上の清らかな修行の完成を、現世においてみずからよく知り、感得し、成就するであろう。

（『中部経典Ⅰ』p.400 傍線および（　）内は筆者による）

釈尊は、教えを説き、教えた通りに弟子たちが自ら実践すれば、修行を完成させることができると説いています。

説法によって直接的な救済が得られるのではなく、説法を受けた弟子たちが、自ら実践することが求められているのです。

初期仏教の経典で説かれる利他

■四種の人

次に、『増支部経典《ぞうしぶきょうてん》』で紹介される「四種の人」を見ていきたいと思います。

『増支部経典』第四集・第九十五経「火葬の薪」では、次のように説かれています。

修行僧たちよ、世間にはこれら四種の人がいる。四種とはどういう人か。

①自己の利益のためにも他者の利益のためにも実践しない人（自利も利他も実践しない人）

②自己の利益のためではなく、他者の利益のために実践する人（利他だけを実践する人）

③他者の利益のためではなく、自己の利益のために実践する人（自利だけを実践する人）

④自己の利益のためにも他者の利益のためにも実践する人（自利も利他も実践する人）
である。

（『増支部経典 第三巻』pp.138–139. 番号および（ ）内は筆者による）

この経典では、①よりも②が、②よりも③が、③よりも④が、より優れている人だと説かれています。

つまり、最も優れていない人が①「自利も利他も実践しない人」、最も優れている人が④「自利も利他も実践する人」ということになりますが、これについては説明の必要はありません。ところが、興味深いのは、②と③の順序です。

ここでは、「利他だけを実践する人」よりも、「自利だけを実践する人」の方が、より優れている人だと説かれているのです。残念ながらこの経典には、これ以上の詳しい説明は見られません。「利他だけを実践する人」や「自利だけを実践する人」がどのように説かれているのか、続きの経典（『増支部経典 第三巻』第四集・第九十六経「貪欲の調伏」pp.140–141）をもとに考えてみましょう。

その経（第九十六経）では、第九十五経と同じように、①から④の四種の人の分類があり（〈③→②→①→④〉の順で説かれます。ただし、どちらがより優れているか、などの優劣は説かれません）、「自利だけを実践する人」は「貪欲などを調伏《ちょうぶく》するために自ら実践するが、他人に貪欲を調伏するように勧めない」人であると説かれます。これが、大乗仏教徒が批判するような「自利だけを実践する人」ということになるかと思います。

そして、「利他だけを実践する人」は、「貪欲などを調伏するために自ら実践しないが、他人に貪欲を調伏するように勧める」人と説かれています。

さらに興味深いのが、続く経典（『増支部経典 第三巻』第四集・第九十七経「自己の利益（一）」pp.141–142）に説かれる内容です。第九十六経と同じように四種の人が説かれますが、「自利だけを実践する人」は次のように説かれます。


もろもろのよい教えについてその真実性を速やかに察知して認め、聞いた教えを受持する特質をもち、受持した教えの意味を考察し、その意義をよく知って、真理をよく理解して、教えにしたがって実践する。しかし、彼は話すことが得意ではなく、談話がうまくなく、上品で、明瞭で、流暢で、意味が通る、わかりやすいことばで話すことができず、清らかな修行をする者を、教えたり、勧めたり、鼓舞したり、喜ばせたりしない。修行僧たちよ、そのような人が、他者のためではなく、自己の利益のために実践する人である。

（『増支部経典 第三巻』pp.141–142. 傍線は筆者による）


同じように、「利他だけを実践する人」は、

「もろもろのよい教えについてその真実性を速やかに察知して認めることなく……、真理をよく

理解しないので、教えにしたがって実践しない、話すことが得意で、談話がうまく、……清らかな修行をする者を、教えたり、勧めたり、鼓舞したり、喜ばせる人」

ということになります。

ここで、「自利だけを実践する人」が、大乗仏教徒が批判するような、「自分のさとりのみを目指す人」というわけではなく、「他者に伝えるのが得意でない人」と説かれていることがわかります。

また、自利なしに利他だけを実践する人が、「自ら実践せずに言葉巧みに口先だけで他者を教える人」と解釈されています。

これらの経典から、まずは「自利も利他も実践する人が最も優れている」と説かれていて、初期仏教の経典においても『自利利他』が理想とされている」と説かれていることがわかります。そして、「自利のみを実践する人」が、ただ単に自分勝手にさとりを求める人というわけではなく、また、「利他のみを実践する人」が、本当の意味での利他を実践している人として説かれているわけではない、ということも確認されます。

現代社会でも、その道に長《た》けているけれども、伝えることが上手ではないので、他人には教えない人もいますし、また逆に、自分自身を高めることはせず、他人に言葉巧みに、もっともらしく教える人もいます。

このように、「自分自身を高める」、つまり自利なくしてなされる利他は、必ずしも賞賛されるべきものではないということになります。つまり、初期仏教における〈望ましい〉利他は、自利と関係なく実践される利他ではなく、佐々木先生の表現を借りれば、「自利をベースにした利他」であるということになります。

この視点は、先のスマナサーラ長老の、「自未得度先度他」への疑問を考えるヒントとなります。素性の分からないキノコの味を確認せずに、他人に勧めることにたとえられる利他は、ここまで見てきた経典の表現でいえば、「利他のみを実践する人」ということになると思います。

つまり、未だ修行の境地を獲得していない凡夫が、他人を先に彼岸に渡すのであれば、スマナサーラ長老の疑問は当を得ているといえるでしょう。

しかし、自未得度先度他を、さとりを求めている菩薩がなすのであれば（大乗の菩薩観を読み込むならば、菩薩はあえて、まよいの世界にとどまり衆生を救済するわけですが）、自分がキノコを食べてから他人に勧めるのと同じように解釈することができ、「利他のみを実践する人」とはレベルの異なる利他を実践する人であるといえるでしょう。

われわれ凡夫のなす利他については、ともすると、自分自身を高めることなく、口先だけでの利他となってしまう可能性がありますが、「自分自身を高めていくという自利がないがしろにされてはならない」ということがいえると思います。

初期仏教における利他の周辺

ここまで、初期仏教における利他について、説法という観点から見てきましたが、他に、他人を利益することと関連するものとして、「不害（不殺生）」「慈悲」「四無量心」「四摂事」があります。

ここでは、初期仏教の経典に説かれるこれらの概念について見ていきたいと思います。

■不害

不害とは、サンスクリット語でアヒンサー（ahiṃsā）といい、「殺さないこと（不殺生）」を意味しますが、より広い意味では「害さないこと（不害）」「非暴力」を意味します。

この不害は、仏教のみならず、ジャイナ教をはじめとするインドの宗教全般で大事にされており、仏教においても、在家者が守るべき五つの習慣（五戒）にも含まれるなど、最も尊重されるべき精神の一つとされています。

では、なぜ害してはならないのでしょうか？

初期仏教の経典に説かれる不害の根拠として、釈尊時代の二大王国の一つ、コーサラ国のパセーナディ王とマッリカー妃の対話が知られています。まずは、経典の内容を見ていきましょう。

コーサラ国王パセーナディは、マッリカー妃にいった。

「そなたには、自分よりももっと愛しい人が、誰かいるかね？」と。

「大王さま。わたくしには、自分よりももっと愛しい人はおりません。あなたにとっても、ご自分よりももっと愛しい人がおられますか？」

「マッリカーよ。わたしにとっても、自分よりもさらに愛しい他の人は存在しない」。

〔中略〕そこで尊師（釈尊）はこのことを知って、そのとき、この詩をとなえられた。

「どの方向に心でさがし求めてみても、自分よりもさらに愛しいものをどこにも見出さなかった。そのように、他の人々にとっても、それぞれの自己が愛しいのである。それゆえに、自己を愛する人は、他人を害してはならない」と。


（『相応部経典 第一巻』pp.120-121.（ ）内は筆者による）


ここでは、自分にとって自己が最も愛しいように、「他人にとっても自己が最も愛しい」ということが説かれていますが、ここに不害の根拠があります。

「自分の生命も他人の生命も同じように尊い。だから害してはいけない」

というのです。これは、非常に分かりやすい理論でありながら、重要な意味を含んでいるように思われます。

また、仏教では、この「自己を愛しいと思う」ということが、自己への執着として、煩悩を引き起こすとされていることも補足しておきます。

「自分は」「私は」、あるいは「自分のもの」「私のもの」と、自己に執着すること（自我執着心）によって、「自分は優れている、あの人は劣っている」「これは私のもので、あなたのものでない」などという判断が起こり、さまざまな煩悩が起こってくると考えられているのです。

また、こうした自我執着心は、自分勝手なものの見方ともなって現れてきます。

われわれには、この自我執着心が根強くあるからこそ、他人のためと思って何かをしたときにも、最後まで「自分」に対するこだわりが残ることにもなります。

「他の人のためだと思って行っていることも、実は自分のためであった」ということもあるかもしれません。

さて、初期仏教における不害の精神を説くものとして、次の偈頌《げじゅ》（詩）もよく知られています。

実にこの世においては、怨みに報いるに怨みを以てしたならば、ついに怨みの息《や》むことがない。怨みをすててこそ息む。これは永遠の真理である。

（中村元訳『真理のことば　感興のことば』p.10）

第二次世界大戦後の講和条約で、当時スリランカの大蔵大臣であったジャヤワルダナ氏が、釈尊の言葉を紹介したことがよく知られていますが、この偈頌が引用元となります。われわれは、「やられたらやり返す」という精神に傾倒してしまい、日常生活でこのような不害の精神を実践することは困難かもしれません。

しかし、「これは永遠の真理である」と説かれているように、この不害こそ、仏教が説く理想といえるでしょう。

この偈頌との関連で、釈尊と、釈尊のもとで出家したけれども心喜ばず、怒って、荒々しいことばで釈尊を罵《ののし》り、非難したバラモンとのやりとりを見ていきましょう。

釈尊「友人・親戚・血縁者・客人がやってきたとき、美食をさしだしますか？」

バラモン「さしだします」

釈尊「かれらがその美食を受けなかったら、それは誰のものとなりますか？」

バラモン「わたしのものになります」

釈尊「そうであろう。そのように、罵るものに罵り返し、怒らせるものに怒り返すならば、この人とともに会食し、ともにつき合うといわれる。だから、わたしはそなたと会食しないし、ともに交換することもない。すると、罵りや怒りはそなたのものとなる」

（『相応部経典 第一巻』pp.251–252. 取意、傍線は筆者による）

ここで、「罵りに罵りで返す」「怒りに怒りで返す」ということが、「会食し、ともにつき合うことになる」と説かれています。同じテーブルについて会食をすることになれば、「お互いの罵りや怒りが静まることがない」ということになります。

また、自分も相手を罵り、怒ることになれば、相手と同罪になるということをも意味しています。さらに、このやりとりの後、経典では次のように説かれています。

怒ることなく、身がととのえられ、正しく生活し、正しく知って解脱している人、心が静まったそのような立派な人に、どうして怒りがあろうか。怒った人に対して怒りを返す人は、それによって悪をなすことになるのである。怒った人に対して怒らないならば、勝ちがたき戦にも勝つことになるのである。他人が怒ったのを知って、心に気をつけて他人が怒っているのを知っても、自ら気を落ちつけて静かにしているならば、その人は自分と他人との両者のためになることを実行しているのである。

（『相応部経典 第一巻』pp.252-253. 傍線は筆者による）

ここで、「他人の怒りを怒りで返さないならば、それが自分と他人の両者のためになる」と説かれていることは注目されます。この引用で「ためになる」という表現の原語はアッタ（attha）

ですが、この語は「利益」とも翻訳される語です。つまり、「怒りを怒りで返さないことが、自分と他人の利益となる」と説かれているのです。

逆の言い方をすれば、「怒りを怒りで返す」、つまり、会食し、つき合うことになれば、自分のためにも相手のためにもならない、と説かれていることになります。

われわれの日常においても、理不尽な罵りや怒りをぶつけられることがあります。その罵りや怒りを罵りや怒りで返せば、自分のためにも相手のためにもならない、という考え方は、究極的には平和を実現するための原理となるかもしれません。

この「不害」を実践した人が、民衆をインド独立運動に導いたことで知られているマハートマー・ガーンディーです。ガーンディーは、イギリス人が武器をもってインド人を抑圧するなか、「武器をとらないで抵抗する」という方策をとりました。

先ほどの「不害」の理論に照らし合わせてみると、武器をとって抵抗することになれば、迫害しているイギリス人に危害を加えることになり、それは「会食をし、つき合う」ことに他なりません。もし、会食をし、つき合うことになっていたならば、怨みは息《や》むことなく、状況は好転しなかったかもしれないのです。

それでは、どのようにすれば、会食をし、つき合うことをしないですむのでしょうか？

経典には、「身がととのえられ」、「正しく生活をし」、「正しく知ること」により、「心を静めること」だと説かれています。

初期仏教以来、仏教では、煩悩が抑制されている状態である涅槃へ導く手段として、八つの正しい実践（八正道）、

①正しい見解（正見）
②正しい考え（正思）
③正しい言葉づかい（正語）
④正しい行い（正業）
⑤正しい生活（正命）
⑥正しい努力（正精進）
⑦正しい思い（正念）
⑧正しい精神統一（正定）

がよく知られていますが、これらも心を静めるためのものであるともいえるでしょう。

このように、心を静め、それによって会食をしないということは、ともすると、「自分のためだけのこと」、つまり、「自利の実践」かと思われますが、実は、それが、「自分のためにも他人

のためにもなる」、つまり、「自利利他」になるというのです。

利他は、決して自利とはわかれていないということがわかります。

■慈悲

次に慈悲について見ていきましょう。

先ほども触れましたように、慈悲は智慧とともにブッダの特性とされるもので、利他を発動する心とされていますが、本来、「慈悲」の、「慈」と「悲」は異なる性質のものです。

「慈」の原語マイトリー（maitrī）は、友情を意味し、楽を与えること（与楽）とされます。また、「悲」の原語カルナー（karuṇā）は、同情を意味し、苦を取り除くこと（抜苦）とされます。この二つをあわせて「慈悲」といいますが、その意味は、端的に「与楽抜苦《よらくばっく》」とまとめられます。

初期仏教の経典においては、『スッタニパータ』第八「慈しみの経」に、慈しみの精神がまとまって説かれており、国内外の多くの仏教徒に大事にされています。

中村元先生も、この「慈しみの経」の言葉を大事にされ、石碑に刻み、墓石として残したことでも知られています。

「慈しみの経」の中でも、とくによく知られているのは、次の偈頌です。


いかなる生物生類《いきものしょうるい》であっても、怯《おび》えているものでも、強剛《きょうごう》なものでも、悉《ことごと》く、長いものでも、大きなものでも、中くらいのものでも、短いものでも、微細なものでも、粗大なものでも、目に見えるものでも、見えないものでも、遠くに住むものでも、近くに住むものでも、すでに生まれたものでも、これから生まれようと欲するものでも、一切の生きとし生けるものは、幸せであれ。

（中村元訳『ブッダのことば』p.37）

ここでは、慈しみをもつべき対象は、人のみならず、「いかなる生物生類」とされていますが、これも、仏教の大切な精神であるといえるでしょう。

このように、たしかに初期仏教の経典にも慈しみが説かれていますが、慈悲は、釈尊滅後からブッダの神話化とも関連して発達し、強調されるようになってきたことが指摘されています。

■四無量心

初期仏教以来、四つのはかりしれない利他の心である「四無量心」が知られています。

その四無量心の中に「慈」と「悲」も含まれますが、まずは、経典の内容を確認し、その意味を見ていきましょう。

四つの無量がある。友よ、ここに比丘が慈愛（慈）に満ちた心を《一つの方角に広げる。同じように第二、第三、第四の〔方角に広げる〕。このように、上に、下に、横に、あらゆるところに、すべての場所に、世界中くまなく、慈愛に満ちた、広く、大きく、無量の、恨みのない、怒りのない心を広げる》。悲憐（悲）に満ちた心を《……》、喜び（喜）に満ちた心を《……》、中庸（捨）な心を《……》。

（『長部経典Ⅲ』p.301《……》には《　》で囲った箇所が補足される。（　）内は筆者による）

《四無量心》
慈：他人に楽を与えること。いつくしみ。
悲：他人の苦を取り除くこと。あわれみ。
喜：他人の楽をねたまず、喜ぶこと。よろこび。
捨：好き嫌いの心がなく平等であること。平らな心。

「慈」と「悲」の意味は先に見た通りですが、続く「喜」は、他人の楽を喜ぶことで、一見すると、簡単なことをいっているように思えます。

しかし、この「喜」が利他の心として重要視される背景には、「他の人に何かよいことがあった場合、われわれは『うれしい』と喜んだとしても、どこかで自分が愛しく、自分中心的にものを見てしまうために、喜びきれてないということがあるのではないか？」ということが問われているのではないでしょうか。

最後の「捨」については、現代語で「捨」は「すてる」を意味しますので、少々分かりにくいのですが、サンスクリット語でウペークシャー（upekṣā）といい、「無関心」「無頓着」を原義とし、「敵」「味方」、「好き」「嫌い」などと区別しないことを意味します。

われわれは、自分が愛しいがために、自分の都合によって相手を「敵」や「味方」と区別しますが、分け隔てのない、どちらかに偏らない中庸の心が大事となります。

これらの心をあらゆるところ、すべての場所、世界中にくまなく広げていくことが求められています。

■四摂事

初期仏教以来、人々を導くために大事にされているものとして、「四摂事《ししょうじ》」（四摂法）が知られています。

四摂事とは、人々を救済するために人々を引きつける手段ですが、現代的な意義としては、社会生活をおくる上で、他人との関係性をよくするものであるともいえます。

まずは、経典に説かれる内容を見ていきましょう。


修行僧たちよ、これら四つの愛護の基礎（四摂事）がある。四つとは、何か。施し与え（布施）、親愛のこもったことばをかけ〔愛語〕、〔他者の〕利益となる行ないをし〔利行〕、公正さをたもつこと〔同事〕である。修行僧たちよ、これらが四つの愛護の基礎である。施しと、親愛のこもったことばと、この世で〔他を〕利する行ないと、あれこれの事柄について適切に、公正さをたもつこと、これらが世間における愛護である。ころがる車輪〔を下から支える〕くさびのように、〔もし〕これらの愛護を行なわないならば、子〔を育てた〕母も父も、子から受けるべき尊敬や供養を得られないだろう。賢者たちは、これらの愛護をよく観察するがゆえに、彼らは偉大なものとなることを得、賞讃されるべきものとなる。

（『増支部経典 第三巻』pp.50–51.）

《四摂事》

布施：施し与えること

愛語：やさしいことばをかけること

利行：相手のためになる行為

同事：相手と協力すること・相手の立場にたつこと

どれも重要で、人々を引きつけ、社会生活を円滑にさせることに役立つものだと思いますが、中でも大事にされているのが布施です。布施は大乗仏教における菩薩の実践である六波羅蜜（布施・

持戒・忍辱・精進・禅定・智慧）にも含まれますが、初期仏教以来、重要視されています。

布施とは、サンスクリット語でダーナ（dāna）といい、「与えること」を意味します。

現代語では、布施といえば「金品を与えること」と理解されていますが、布施には、「金品を施すこと（財施）」以外にも、「教えを施すこと（法施）」や、「怖れをとり除くこと（無畏施）」があり、これらは金品でないものを与える布施です。

仏教教団では、出家修行者の生活は一般の信者から衣・食を施されることによって支えられており、その信者から施される衣や食も布施ですが、そのお返しとして、出家修行者が一般の信者に説法をする、これも布施ということになります。

ここでは、教えを施すこと（法施）について、二種の説法を見てみましょう。

A「ああ、わたしの教えを聞いてほしいものだ。聞いて喜んでほしいものだ。喜んだというしるしをわたしに示してほしいものだ」と説法をする。

B「ああ、本当に、わたしの教えを聞いてほしい。聞いて教えを理解してほしい。理解して、その通りに実践してほしい」と説法をする。

（『相応部経典 第二巻』p.402 取意）

経典では、二種の説法が挙げられ、Aが「清浄《しょうじょう》でない説法」、Bが「清浄な説法」とされています。一見したところ、Aでも問題がないように思われますが、Aには「私に喜んだというしるしを示してほしい」という思いがあり、自分に対する執着（自我執着心）がまだ残っていることがわかります。

われわれも何かを誰かにしてあげたときに、このような思いが残っていることがないでしょうか？

大乗仏教で説かれる最上の布施として、「三輪清浄《さんりんしょうじょう》」といわれるものがありますが、同様のことが問題となります。「三輪」とは、施す人（施者）、受ける人（受者）および施すもの（施物）ですが、この三者が清浄な布施が望ましいとされます。

たとえば、「自分が電車で老人に席を譲る」という場合、席を譲る自分が施者、譲られる老人が受者、譲られる席が施物となります。

「自分が席を譲る」という行為を内省してみると、「席を譲った自分に感謝の思いを示してほしい」などという思いが、まったくないとはいえないのではないでしょうか。

このような思いがあれば、施す人が清浄でないということになります。

さて、「清浄でない説法」に話を戻しますと、われわれは、善意のつもりで、他の人を利することを実践しているつもりですが、根底には『そのようなことをする自分を認めてほしい』という思いがある」ということを表しています。

つまり、「他人のために」と思って実践する利他ですが、実は、「自分のために実践している」ということになってしまうのです。

一方、Bには、そのような思いはありません。それゆえ、清浄な説法なのです。

このような説法は、自我執着心を離れた利他で、本当に相手のことを思って説法をしているということになり、「望ましい利他」ということになります。

自利なくして利他はできないことを前節で見てきましたが、自我執着心と利他も無関係ではなさそうです。

◉――まとめにかえて

ここまで、「大乗仏教以前の仏教において利他が説かれているのか?」という問題意識のもとに、初期仏教における利他について考えてきました。

まず、初期仏教においても、大乗仏教と同じように、『自利も利他も実践する人』が理想とされる」ということが経典の記述に確認されましたが、初期仏教における利他は、「説法を通してなされる」ということができます。

そして、本当の意味での利他を実践するためには、釈尊の生涯であれば、「さとりの智慧によって世間(あるいは世間の人)を観察して他人に教えを説く」、あるいは経典の用例でいえば、「自分自身で実践して、他人のために教えを説く」というように、「自利も必要である」ということがわかりました。

われわれは、利他の精神ばかりを強調してしまいがちですが、本当の意味での利他を実践するためには、「自分自身を高めていく」、つまり、「自利を求めていく」ことも、ないがしろにしてはいけないのではないでしょうか。

自利と利他は、決してわけられるものではないのですから。

＊本稿執筆にあたっては、ランパード・シュミットハウゼン著（斎藤直樹訳）「超然と同情―初期仏教にみられる精神性と救済（利）の目的―」（『哲学』第108集、2002）を参考にさせていただきました。また、初期経典の引用には、中村元監修『原始仏典』（春秋社）を用いました。

Buddhism
and
Compassion

［オムニバス仏教講座］
仏教と慈しみ

III

自利利他の難しさを考える

Nagao Shigeki
長尾重輝

自利利他

■大乗仏教の目的

大乗仏教は、一切衆生（すべての生きとし生けるもの）を苦しみから解放することを願い、そのために努力し続けることを目的としています。

その願いの実現のためには、

「自らが仏陀となって自身の苦しみを解決すること」

「仏陀となって、悩み苦しむすべての人々を苦しみから解放すること」

と一般的には考えられています。

仏教の開祖・釈尊は、私たち自身を、「苦しみに満ちた人生を歩む存在である」と捉えました。釈尊は、四苦に代表されるあらゆる苦悩を解決した人物というだけでなく、苦悩を抱えた人々を救うために伝道の生涯を送られた人物です。

その釈尊が苦悩を抱えた人々を救うために説かれた教えを、残された弟子たちがまとめたことから、「仏教」として現在にまで伝わることになりました。ですから、もともと仏教には、自身を救うことだけを目的としたものではなく、他の人を救うという姿勢があったといえるでしょう。

ところが、仏教の展開してきた歴史の上では、「他の人々を救えるのは仏陀（釈尊）だけである」という考え方があったのも事実です。

そういった考え方をしている仏教を「小乗」と批判し、

「釈尊が迷い苦しむ人々を救うための生涯を送ったように、我《われ》われはすべての人々を苦悩から解放するために努力する菩薩なのだ」

と考える人たちの中から、大乗仏教が誕生したといわれています。

大乗仏教の本当の起源については、見解がわかれるところですが、

「すべての人々を苦悩から解放することが、仏教の目指すべきものであり、そのために仏陀になることが重要である」

という主張がされた頃は、釈尊は「とても偉大な人物」と捉えられていたはずですから、「釈尊と同じように仏陀にならなければならない。そして、自分にもそれができるはずだ」という考え方をする人たちに対しては、批判的な見方も多かっただろうと思われます。

もちろん、「小乗」と批判された仏教（系統としては現代の仏教もそうです）が、他の人々のしあわ

せを願った行動をしていないわけではありません。ですが、ここでは、「自らが仏陀となって人々を救う」という大乗仏教の思想から、「自利利他の難しさ」について考えてみようと思います。

大乗仏教は釈尊滅後、五百年ほど経過した頃にあらわれてきたと考えられています。

大乗仏教がどのように成立したのかについては、不明な部分もありますが、「あらゆる人々の苦しみを自らの苦しみとして受け止め、その苦しみを無くすることを願いとする仏教」と考えていただいてよろしいかと思います。

たとえば、大乗仏教の経典の一つ、『維摩経《ゆいまきょう》』には次のように書かれています。

愚癡《ぐち》と愛着があることから、私は病気になりました。一切の衆生が病気を抱えているから私も病気になっているのです。もし一切の衆生の病気が癒えれば、私の病気も癒えるのです。

（『維摩詰所説經』[*1]）

『維摩経』は、病気になった維摩（維摩詰居士）という在家の仏教信者を、仏弟子たちがお見舞いに行くという物語です。文殊菩薩が病気になった理由を維摩に尋ねたところ、維摩はこのように答えたとされています。

維摩は、「この世の中に愚癡と愛着があるから病気になった」といっていますが、愚癡は無明（真理をありのままに知らないこと）、愛着は渇愛（自己を絶対とすることから生じる、自分自身への過《あやま》ったこだわり）と置き換えて考えてみると、「無明と渇愛（仏教では私たちの迷いや苦しみの原因とされているもの）が未だなくならないから、私は病気になったのだ」と答えていることになります。

これだけなら、病気になったのは維摩だけの問題であると考えることもできますが、続けて維摩は、「すべての人々も、これらの原因があることから病気になっていて、すべての人々の病気が治らない限り自分の病気も治らない」と語っているわけです。

この『維摩経』の内容によると、私たちはみな、今まさに病気にかかっているということになりますが、病気にかかっているという自覚がある人がどれほどいるでしょうか？

大乗仏教は、「人間の苦悩は自分ひとりの問題であって、それを解決すればよい」というわけではなく、「すべての人が斉《ひと》しく救われなければならない」と考えていることがわかると思います。

もちろん、病気が苦悩を言い換えたものであるとしても、「私たちすべての者が病気にかかっていますよ」といわれたら、いい気分はしないと思います。

ところが、「すべての人は苦悩を抱えて生きていますよ」と言い換えられると、不思議と「そうだよな」と納得しやすいと思います。それこそが「人間の自分勝手ないい加減さ」なのかもしれません。

「すべての人の苦悩が解決されれば、維摩は自分の病気も治る」といっているわけですから、「すべての人の苦悩が解決される可能性がある」ということも間接的にいっていることになります。
このことと関連付けて用いられる言葉に、「一切衆生《いっさいしゅじょう》　悉有仏性《しつうぶっしょう》」があります。

■一切衆生 悉有仏性

この言葉については、「すべての生きとし生けるものに仏性（＝仏陀となる因子・仏陀の種子）がある」というように受け止められることが多いと思います。

つまり、仏陀（Buddha＝目覚めた人）とは覚《さと》りの智慧を獲得し、人生の苦悩から解放された人を指すのですが、すべての人が覚りを得て、苦悩を解決できる可能性があることから、「仏陀になる種（可能性）がそなわっている」と理解されているようです。

ただ、この言葉が最初から大乗仏教の主張としてあったかどうか、つまり、「悉有仏性」という考え方が最初からあったかどうかはわかりませんが、とにかく、大乗仏教は、「すべての人が救われることを目的としている教えである」と理解していいと思います。

つまり、今回のテーマである「自利利他」についていえば、「すべての人は苦悩から解放される可能性がある。そして同時に、すべての人々が苦悩から解放されない限りは自身の苦悩からの解放もない。だから、すべての人々が苦悩から解放されることを実現しようとすることが、大乗仏教なのである」といえるのです。

■自と他の利

一般的に、「自利」とは、「自身が悟る」「解脱・涅槃などに到達するような真理に目覚める」と受け止められていることが多いようです。

それに対して、「利他」は、「他者の苦悩の解決」という意味と、「他者を助けるような行い（布施に代表されるような他者に何かを施すなど）によって功徳を積む行為」という意味の二通りに捉えられていて、どちらかといえば後者を、「利他」の意味に捉えられていることが多いように思います。

ところが、仏教における利他とは、前者の、「他者の苦悩の解決」ということです。

ただし、布施行などは、大乗仏教が覚りに到達するための実践行である六波羅蜜の一つ（布施波羅蜜）として数えられるので、「布施が利他行では無い」といっているわけではありません。

次に、「大乗仏教において、利他が強調されるのはなぜか？」ということについて考えてみます。

大乗仏教では、「すべての人々が仏陀になる可能性がある」と認めていますが、それは同時に、「すべての人々が未だ仏陀に成っていない」ということを認識していることになります。

「苦悩を抱えた自分や他者が仏陀になること、また仏陀にさせること」を目的としているのが大乗仏教ですが、ということは、「自利利他は、すべての人々が仏陀に成る（成仏する）」ことでしか完成しない」ということになります。

そう考えると、「釈尊もすべての弟子を成仏させていたわけではない」という事実に直面します。仏陀である釈尊の直弟子の中には、「覚った者と、覚っていない者とがいた」と伝えられていますが、「それでいいのか?」、また、「どうしてそのような違いが生じるのか?」という疑問が起こるわけです。

たとえば、釈尊が亡くなった直後に、「もう自分たちを縛る人がいなくなった」といった弟子がいたと伝えられています。しかし、釈尊が亡くなる直前の教えは、「あらゆるものは移ろいゆくから、たゆまず努力を続けなさい」というものでした。

この釈尊の教えを聞いているはずの弟子が、「もう自由だ。これからは修行も適当でいいのだ」といったとすると、やはり、釈尊の弟子のすべてが覚っていたのではなかったようです。

ところが、こうした弟子がいたことから、「結集《けつじゅう》」という、正しい釈尊の教えを確認しようという事業がなされるようになりました。そしてその結果、後々まで釈尊の教えが仏教として伝えられるようになり、現在の私たちが仏教に触れることができるようになったのですから、覚っていなかった弟子たちのおかげで仏教が普及したともいえるかもしれません。

「釈尊の直弟子であっても、覚ることができないこともあった」

という事実は、釈尊滅後の仏教徒にとっては、かなり深刻な問題であったはずです。

というのも、釈尊が生きていた時に、同じように釈尊の説法を聞いていながら、覚った者とそ

うでない者がいたわけですから、

「釈尊がいない時代に、覚れる者と覚れない者がいるのは、当然なことである」

とも考えられるからです。

さらに、釈尊が弟子に対してエコひいきしていたとは考えられませんから、「覚ることができる」「覚ることができない」という違いが生じるのは、「聞き手に問題があるのではないのか？」と推測されることになり、「覚りはあくまでも仏教を学ぶ側の自覚によるもの」ということがいえるわけです。

では、聞き手の問題、つまり、「仏教を学び、自利利他をなそうとしている私たちの問題とは何か？」ということを、釈尊の教えにまで少し遡《さかのぼ》って、「縁起」と「中道」を手がかりに考えてみようと思います。

■釈尊の教え

これあればかれあり、これ生じることによりかれ生じる。

これなければかれなし、これ滅することによりかれ滅す。


釈尊の教え（仏教）の根幹は、「縁起」と「中道」です。

縁起とは、因縁所生を略したことばで、「あらゆるものは因と縁とによって生滅する」ことであり、言い換えると「結果として生じたもの、滅したものには因と縁がある」ということです。

また、中道とは、「極端な生き方・行為を離れよう」という教えです。

縁起については、釈尊が亡くなった後から次第に整理され、「十二支縁起」としてまとめられました。これは、「順観・逆観」という、苦悩の原因と、苦悩の原因を滅することで苦悩の解決ができるという見方を明らかにしたもので、伝統的に受け継がれていくことになります。

それが、大乗仏教ではさらに、「空間的・時間的な制約を超越した、あらゆる者同士がつながり、関係性があることを明らかにするもの」という思想へと展開していくことになります。

また、中道については、「苦か楽か、といった両極端な考え方をしてはいけない」という理解が一般的であると思います。ところが、後の大乗仏教では、たとえば有と無の二つを考えた場合、「絶対的に有ると見ることや、逆に絶対的に無いと見るような偏見を持ってはいけない」といったことが強調されるようになっていきます。

つまり、中道は、縁起の、「あらゆるものは、ある関係性の上に、仮に生まれたり、無くなったりするものにすぎない」という解釈を通して、

「絶対的な有や無といった偏ったものの見方や、それによる偏った生き方が、苦悩を増大させる」

と整理されていくことになります。
そして、大乗仏教の思想が徐々に深まり、整理されていく中で、自利利他の関係について、次のように考えられるようになりました。

「自利は自身の煩悩を滅して苦悩からの解放を実現することであり、それは、縁起をありのままに知るという『智慧』によって得られるものである。しかし、大乗仏教が考える自利の完成には、慈悲のはたらきである利他の実践が不可分、つまり、自利と利他とはわけられない」

では、「なぜ大乗仏教では、自利と利他とがわけることができないのか？」ということについて、考えていきたいと思います。

大乗仏教の思想

■自ら仏陀となり、あらゆる他者を救う

私たちは、自身の行為によって、「何がもたらされるのか？」を大なり小なり気にしながら、日々を過ごしています。
また、インドには、仏教が誕生する以前から、「人の行為（業）には必ず報いがある」という業

報思想があります。それは輪廻転生を当然のことと考えることの多いインドの文化では、「今生の行為によって、来世の境遇が決定される」という切実な問題となっています。

仏教も、「何をすることによって苦悩から解放されるのか？」ということが重要なテーマですし、実際に苦悩の原因を明らかにし、苦悩を解決した釈尊という人物を理想としたことは、自然なことであったと思います。

■釈尊観の変化

釈尊は「人生の苦悩を解決した人物」ということから、仏教を学ぶ者の理想とされています。仏教の縁起（十二支縁起）からは、「苦悩の解決は、無明を断ずることで為し得る」と説かれています。

無明とは、縁起の道理を理解していないことを指しますから、「縁起の道理をあるがままに知る智慧を獲得したこと」、あるいは「智慧を完成させたこと」によって、釈尊は仏陀（目覚めた人）となったということになります。

では、釈尊はどうして、それまでのインドの宗教・思想では到達し得なかった、智慧の完成ができたのでしょうか？

この素朴な疑問から、仏教の思想はいろいろな形に展開していったと考えられます。

現在では、さまざまな媒体で釈尊の生涯について語られていますが、釈尊の出家の動機は、「生老病死の四苦」に代表される、「人生の苦悩の解決を目的とした」と考えられています。

ところが、釈尊の出家の動機は、「すべての生きとし生けるものを救おう」という気持ちが当初から強くあったのではなく、むしろ、「釈尊自身の苦悩の解決を求めたのではないか？」とも考えられています。


釈尊の生涯を通して見ると、成道（覚りを開くこと、真理に目覚めること）以降は、人々の苦悩の解決のために尽力した姿しか見られません。

そうしたところから、釈尊は、「苦悩を抱えた人々を救おうという、慈悲のはたらきによってこの世に現れて、成るべくして仏陀になったのだ」という理解がされるようになったと考えられます。


とすると、「『智慧の完成』と『慈悲の実践』がそれぞれ別にある」、あるいは、「時系列的に、仏陀となったから人々に教えを説いたのではなく、『智慧』と『慈悲』の二つは、もともと一つとしてあるものだ」という理解がされるようになったのも、当然のことかもしれません。

つまり、釈尊がこの世に現れて教えを説いたのは、「人々のその場、その場の対処的な安らぎを与えることが目的ではない。人々を迷いから覚りへと導くことを目的とした、慈悲のはたらきによるものである。だから、慈悲とは、ただ『かわいそうだ』というのではなく、迷いを断って真理に至らしめるはたらきのことなのだ」と理解していいと思います。

大乗仏教は、そのような理解を根底に持っていると考えられますから、「仏陀になるための自利利他の実践へとつながっていく、あらゆる衆生を救うという理想がどれほどすばらしいものか、そのすばらしい大乗仏教の道をあゆむ自分たち菩薩がどれほどすばらしいのか」を強調していくことになるのです。

■菩薩行という理想

（大乗の）意義をよく知る者がその意義を解明するのに無垢な語句をもちいるのは、衆生を苦から救済するためであって、苦を抱えた衆生に対する慈悲からおこなうのである。

巧みな方法で説かれる教えがいわゆる最上乗（大乗）なのであって、素晴らしい目的を志す者に対して五つの意義を明らかにするものである。

（『大乗荘厳経論』[*2]）

ここで引用した『大乗荘厳経論』は、大乗仏教の思想の一つである唯識思想の論書です。『大乗荘厳経論』というタイトルは、原題を『*Mahāyāna-sūtrālaṃkāra*』といい、「大乗の経典を荘厳する」といった意味になります。つまり、「大乗経典のすぐれていることを、言葉を飾って伝えようとするもの」と理解していいでしょう。

この引用部分は、大乗の経典、つまり、「大乗仏教思想」は「誰によってどのように説かれたのか」が書かれているのですが、簡単にその内容を紹介しますと、

「（大乗の教えの）意義をよく知っているものによって、大乗の教えが説かれるのであるが、その説くときに用いる言葉は雅《みやび》な言葉であり、文章は道理に背かないすぐれたものである」

大乗（仏教）の教えをよく知るものによって大乗仏教は説かれたのであり、説かれ方は雅な言葉やすぐれた文章を用いて飾り立てられたものである。なぜそのような説かれ方なのかといえば、

「それは、苦しんでいる衆生を救済するためであり、救済したいという慈悲（悲愍《ひがん》）の思いをもっているからである」

そして、

「いわゆる『最上の乗』つまり大乗の『すぐれた覚りへいたる教えを』荘厳して説くのであり、

大乗の教えに従って覚りへと向かっていく者のために説くのである」

ということになります。

飾り立てることを「荘厳」といいますが、ここではその荘厳にどれぐらいの種類があるかというと、五種類であると説かれています。*3

たとえば金が鋳造されて器に成ったように、たとえば花がまさに咲いたように、たとえば美味《おい》しく調理された食事を食べるように、たとえば文字（で書かれた文章の意図を正しく）理解できたように、たとえば宝の箱を開いたようなものであり、これらはそれぞれ喜びを覚えるものであるが、大乗の教えを五種類の荘厳をもってあらわされることによっても喜びが同様にある。

それぞれのたとえが何を意味しているのか、少々難解ですので補足します。

「金」のたとえは、「大乗の教えは、不純物のない金でできた美しい器を作っていくように、あらゆる執着、つまり、過《あやま》ったこだわりや誤解から離れることを実現する教えである」ということです。

「花」のたとえは、「開いた花はそれだけで美しく、また閉じていた時の蕾のようにつまびらかにされていなかった、すぐれた大乗の教えを自然と聞いていくことになる」ということです。「美味しい料理」のたとえは、「美味しい食事を美味しいと思えるように、正しい教えを正しいと思えること」ということです。

「文字」のたとえは、「言葉の意味上の理解だけではわからない大乗の教えが、言葉を超えたレベルで理解できるようになった」ということです。

「宝の箱」のたとえは、「覚りに到達する教えを聞くことで、自ら覚りを完全に成就する」ということです。

このように、大乗の教えにそって修行を積み上げていくと、「宝の箱を開いたときのような喜びが得られますよ」と述べているのです。

次の引用は、これも唯識思想の論書の一つである、『中辺分別論』からのものです。ここに引用した部分は、『中辺分別論』の冒頭の部分で、この中で説かれている内容を説明しています。ここでも大乗仏教のすぐれていることについて説明されています（和訳は中央公論社の『大乗仏典』15からの引用です）。

相と、障害と、真実と、対治を修習することと、その（修習の）段階と、果を得ることと、およびこの上ない乗り物とがある。

といって、これら七つの意味がこの論において説明される。すなわち（七つとは、）相と、障害と、真実と、（障害の）対治を修習することと、その同じ対治の修習における段階と、（修習によって）果を得ることと、および第七の意味としてこの上ない乗り物とである。

（『中辺分別論』帰敬偈[*4]）

この引用部分は、この論書が「相（私たちのあり様）と、障害（覚りを妨げているもの）と、真実（真理）と、障害を排除していくための修行と、その修行の段階と、修行によって得られる結果と、この上ない乗り物（無上乗）、つまり大乗について説かれているものである」と述べたものです。

その中で、最後の大乗が「この上ない乗り物である」といえる理由については、三つの要因があると述べています。

一つは、修行がこの上ない六波羅蜜の実践だから。

一つは、大乗仏教において学ぶ対象がこの上ない法界（言語の領域を超えた真如そのもの）だから。

一つは、修行の段階を一つひとつ上って行った先に、ついには仏陀となって人々を覚りに導こうとしてつとめはげむという結果を得られるから。

となっています。

ところで、この論書がなぜ『中辺分別論』という名前なのかというと、

　論は「中正を弁別するもの」である。それはまさに深く秘められた意味を有し、堅実の意味を有するものである。

　また、大義あるものであり、あらゆる利益をもたらすものであり、利益に反するものすべてを除滅するものである。

　それは中道をあきらかにするものだからである。またこれは、中正と両極端との両者をともに明らかにするのであるから、あるいは最初と最後とか（の極端）を離れた（真如としての）中正を（明らかにするの）であるから、「中正と極端との弁別」でもある。（この論は）順次に、（無分別智の対象であって）論理学的な（知の）対象とはならないから（「深く秘められた意味」を有するもの）であり、また異論者によって破壊されることがないから（「堅実の意味」のあるもの）である。自己と他人と（の利益）を目標としているからである。三乗のすべて（の教え）を目標とするからである。すなわち、煩悩という障害と知に対する障害との断滅をもたらすものだからである。*5

偈と注釈から、「中（道）と両極端とを正しく明らかにしたもの」だから、『中辺分別論』と名づけられたことがわかります。これは、釈尊が説いた中道が正しい教えであることを明らかにし、両極端に陥《おちい》ることの過ちを明らかにしているということです。

そして、この論書で説かれる内容については、

「深く秘められている、言語や論理のように世間的な知恵の対象ではないものを説いているのであり、大乗の思想とは異なる見解をもつ者によって破壊されることがない堅固なものであり、自分と他者との利益を目標としているものであり、三乗（独覚・声聞・菩薩）のすべての教えを対象としているのである」

と、中道の教えの正しい理解を明らかにしている大乗仏教が、すべての人にとっていかにすばらしいものであるかを述べ、その中に自利利他が目標として掲げられているのです。

自利利他という目標を成就させるために、「煩悩という障害と知られるべきものに対する障害とを取り除くことが重要である」と述べられていますが、この二つの障害を取り除くことがどうして重要であるかといえば、煩悩という障害が自利を妨げるものであり、知られるべきものに対する障害が利他を妨げるものであるからです。

中道の正しいことと、両極端に陥ることが過ちであることが明らかである以上、それを正しく理解している大乗仏教の思想こそがすぐれていると主張しているのですが、「煩悩という障害」の煩悩とは、(大乗仏教が批判の対象としている)小乗仏教が取り除こうとしているものです。

大乗仏教はそれに加えて、「知られるべきものに対する障害」、つまり、「利他を妨げるものも取り除こうとしている」ということがわかります。

そして、この「知られるべきものに対する障害」が、自利利他の難しさと関連してくるのです。

◉――自利利他の難しさ

■菩薩行の難しさ

いくら仏教が仏陀に成る方法を説いている教えだといっても、仏陀に成るのはそう簡単ではありません。

これまでも、「苦悩の原因を突き止め、その原因を取り除いて、智慧を身に具《そな》えることで仏陀となれる」と説かれてきているのですが、たとえば、仏教で「苦悩の原因は無明、それから生じる渇愛であって、誤った自己に対するこだわりを、縁起という道理を知ることでなくして自身の苦悩は解決される」と説かれていることを知ったところで、私たちにはなかなか無明を断じることができません。

さらには、大乗仏教の思想では、「本当に仏陀に成るためには、自身の苦悩の解決だけでは不十分で、他者の苦悩もすべて除かなければならない」と説かれるのですから、「本当にそれは可能なのだろうか？」という不安や恐れを抱くことは当然のことだと思います。

そこで、大乗仏教（本章では唯識思想）の論書には、「菩薩行の難しさに恐れおののく人が現れるだろう」と考えて、「大乗仏教の目的を達成することはとてもすばらしいのだ」ということが強調されるのでしょう。

ところが、「それほど大乗仏教がすばらしいのなら、わざわざ強調しなくてもいいじゃないか！」という疑問が生じてくるのも自然なことだと思います。

つまり、次にご紹介する『大乗荘厳経論』では、「大乗仏教が優れているなら、放っておいてもみんながその教えを選び取っていくはずだ」と指摘しています。*6

問。もしその大乗の教えがもともと優れた性質を具えているのであれば、どうしてことさらに荘厳して飾り立てるようなことをするのか。

この問いに対して、『大乗荘厳経論』では次のように答えています。*7

例えるならば、もともと美しい人が、美しい飾りを身につけて鏡を見たら、もっと嬉しいと思うことでしょう。だから、すぐれた教えももっと飾れば、それを得られた時に感じる喜びはさらに増すのです。だから、大乗の教えを聞きましょう。

続いて、「どうして大乗仏教の教えをそこまでアピールするのか？」「うんざりするほどの荘厳は必要ないのではないか？」という問いに対する答えが示されます。

臭くて苦い薬を飲むときは苦しい思いをするけれど、それによって病気が治ったらうれしいでしょう。それと同様に、難解な文字と文章に手を焼いて、最初は意味がわからなくて苦しい思いをしたとしても、意味や内容が理解できたらその喜びは格別でしょう。

たとえば、気難しい王様に仕えることになったとしたら、最初は王様の機嫌を取るのが難しいけれど、コツがわかれば王様の権力によってご褒美《ほうび》をもらえるでしょう。それと同様に、大乗の教えは深く考えてもなかなか理解できないけれども、覚ることができればうれしいし、それは尊い法の宝を得るようなものなのです。

また、たとえば、高価な宝石も、それが高価なものだとわかっていない者が見てもうれしいとも何とも思わないし、大切だとも思わないでしょう。それと同様に、すぐれた教え（大乗の教え）を聞いても、それがすぐれた教えであると理解できない間は、大切な教えだとは理解できないし、うれしいとも思いません。しかし、修行を積み重ねていけば、大乗の教えがどれほどすぐれているかがわかってくるし、そうなったらとてもうれしいという気持ちがおこるのです」

と大乗仏教のすばらしさを述べています。

この部分は、大乗仏教に対する疑問を感じている人や、大乗仏教に多少の理解と好感を持ってはいても、まだ確実に信用を持つところまではいかない人に向けての言葉ではないか、と考えられます。つまり、

「大乗仏教という教えは、難解だし、恐れを抱くこともあるし、そのよさが最初から理解できるようなものではないけれど、だからといって最初からあきらめたり、途中で投げ出したりしなければ、得られるものは本当にすばらしいものですよ」

と述べているのだと思います。

ところが、「問」にあるように、そこまで大乗仏教のよさを強くアピールするということは、「大乗の実践（菩薩として仏陀を目指すこと）は、非常な困難を伴う」ことのあらわれであり、「自利利他を実践し、完成させることはとても困難である」ということを示しているとも考えられるのです。

では、何によって非常な困難さが生じているのでしょうか？
それは一つには自と他を分別してしまう捉え方、つまり、「自他がそれぞれ独立して絶対的なものとして存在しているという、過《あやま》った捉え方（虚妄分別）が私たちにあるからだ」というのです。

■虚妄分別：自と他を分別してしまう

虚妄なる分別はある。そこに二つのものは存在しない。しかし、そこ（すなわち虚妄なる分別の中）に空性が存在し、その（空性の）中にまた、かれ（すなわち虚妄なる分別）が存在する。

ここで「虚妄なる分別」というのは、知られるもの（所取）と知るもの（能取）と（の二者の対立）を分別することである。「二つのもの」とは、この知られるものと知るものとである。（それら二つのものは究極的には存在しない。したがって）「空性」とは、この虚妄なる分別が、知られるものと知るものとの両者を離脱し（両者が否定され）ている状態である。「その中にまた、かれが存在する」とは、（空性の中に）虚妄なる分別が（存在すること）である。

このようにして、〝或るものが或る場所にないとき、後者（すなわち或る場所）は、前者（すなわち或るもの）としては空である、というように如実に観察する。他方また、（右のように空であると否定された後にも）なお（否定されえないで）なんらかあまったものがここにあるならば、それこそはいまや実在なのであると如実に知る〟という（ように述べられている）空性の正しい相が（この詩頌によって）明らかに述べられた。※8

ここで引用した『中辺分別論』の冒頭の偈とその解釈はとてもややこしいので、もう少し補足します。

まず、最初に「虚妄分別（虚妄なる分別）はある」といっています。「虚妄分別」とは、自と他を、それぞれ別のものだと捉えてしまうことです。どのように「虚妄分別」がおこるかというと、

①まず、その対象に色形などのあり方がある、つまり、「この世界がなんらかの外見上の特徴を持って存在しているものだ」という認識がある。

②（その対象を）認識できる感覚器官がある。つまり、「世界の中に人間という認識するものの存在がある」という認識がある。

③認識するもの（人間）には固有の性質がそなわっている（つまり、「我」がある）という認識と、認識されるもの（対象）には感覚器官の対象としてのあり方（つまり、現象的なもの）としての認識がある。

というように、「『自分と他者が確固たる存在として存在する』と思い込むことで起こる」と分析しています。

ですから、虚妄分別とは、認識する主体（私）と、認識される客体（対象物）とがそれぞれ別物

として存在すると考えているということなのですが、大乗仏教思想の根本ともいえる「空」という、「あらゆるものに定まっている固有の固定の性質は無い」という考え方に基づくと、絶対的な主体や客体も無いことになるはずなのです。

大乗仏教では、あらゆるものが存在するのは因と縁によってであり、固有の性質をもったものとしてはじめから存在するものとしては「無い」が、因と縁とによって存在するものは「有る」といい、「あらゆるものは有るとも無いともいえない（どちらかを絶対的な性質のものとしては捉えない）ということを正しく理解することが中道の正しい理解である」と説かれるようになっていくのですが、この有でも無でもないという理解を、「空」というあり方とされます。

この「空（空性）」という理解の上に、『中辺分別論』からの引用部分を考えてみますと、

①私たちには、主体と客体とがそれぞれ確固たる存在としてあるという「虚妄なる分別」がおこっています。

②ですが、「空性」の理解の上からは、主体も客体も確固たる存在としてはないといえます。

③ところが、空性としては主体も客体も絶対的ではないものなのですが、絶対的に存在しないということではないので、「空性」としては有る。

ということが述べられていると理解できるでしょう。

言い換えると、主体と客体という自他の分別は、空性をあるがままに覚って真理に到達した者（仏陀）の眼には、「それらの区別はない」とうつるのですが、現に苦悩を抱えている私たちにと

っては、「様々な因と縁とによって生じている」、つまり、「自分も含めた絶対的な存在ではないはずの諸々の存在を絶対的なものとして捉えてしまっている」という程度に理解していただけばよろしいかと思います。

先述した「他者に利益を施す」といった場合に、「虚妄分別によって、私と他者とがそれぞれ固有の性質をはじめからもったものとして絶対的に存在している」という過った捉え方をしているのが、私たちの現実のあり方であって、そこで施される利益は、誤解に基づいたものとなるということになります。

たとえていうなら、私が相手に、「こんな利益を施せば相手は喜ぶだろうな」と自分勝手に利益を解釈してしまうということも起こり得るということです。

私たちはいろいろな場面で、「これがよい」「これが悪い」という判断をしていますが、何がよくて何が悪いかは、自と他を分別している限りは、あくまでも自分にとっての「よい」「悪い」にすぎないのですから、これでは本当の利益はできないわけです。

ところが、「自」と「他」をわけて考えることが過ちであるとしながら、「利他」の実践を考えた場合、「『自と他は別』という認識がないと成立しないのではないか？」という問題が残ります。そこで、自他の分別はなぜ否定されるのかについて、もう少し考えてみましょう。

自他の分別（虚妄なる分別）は、「自分とその他を決定的に違うもの」という潜在的な意識を持ち続けることであり、それは、「あらゆるものは因と縁とによって起こる」という、縁起の正しい理解を妨げるものであるということです。

さらには、無明（縁起の道理を正しく理解できないこと）は、あらゆる煩悩を起こす根源とされますから、自他の分別をしている限り、縁起の道理を正しく理解できずに、煩悩を生じさせ続けることになるわけです。

そこで、どのような煩悩を私たちが抱えているかをご紹介します。

煩悩の分類・数え方については様々な考え方がありますが、代表的なものを見ていきましょう（ここであげる煩悩の分類は、厳密には大乗仏教において確立されたものというよりも、仏教における伝統的な煩悩理解のおおまかなものにすぎないことをお断りしておきます）。

■常に起こってしまう煩悩、根本的な煩悩

よく知られる煩悩に三毒（貪欲《とんよく》・瞋恚《しんに》・愚癡《ぐち》）がありますが、根本的な煩悩はこの三つを含んだ六種（あるいは七種・十種）に分類され、これらがあらゆる煩悩を引き起こす根本であり、修行の段階に応じて滅されていくとされます。*9

◎貪欲（欲貪：欲界の貪・有貪：色界・無色界の貪）

貪欲は、厳密には二種類あるといわれています。「欲望の世界」（欲界：物質的・精神的な欲望を持つ生きものがいる世界）の貪欲と、「私たちがいる世界から少しレベルが高い世界」（色界：物質による欲望が未だ残るが精神的な欲望がかなり断たれた生きものがいる世界、無色界：物質による欲望から解放された精神的な世界）の貪欲とですが、私たちは欲界の存在ですので、あらゆる欲にまみれた生き方をしていると理解してよいと思います。

◎瞋恚

瞋恚は、人に対する怒りを指しています。

◎慢（慢・過慢・慢過慢・我慢・増上慢・卑慢・邪慢）

驕った心である慢には次の七種類あります。

《慢》自分より劣った相手と比べて自分の方が優れていると思い、自分と等しい相手と比べて自分と等しいと思うことで、このような思いそのものが驕った心。

《過慢》自分と等しい相手と比べて自分の方が優れていると思い、自分より優れた相手と比べて自分と等しいと思う驕った心。

《慢過慢》自分より優れた相手と比べて自分の方が優れていると思う驕った心。

《我慢》私自身を、「我（私が私である）」「我所（私のものである）」と執着し、その執着に基づいて起こる驕った心（私自身は五蘊〔色・受・想・行・識〕の結びつきによって仮に存在しているにすぎないのであるから、「我」や「我所」が絶対的に存在するものとは仏教では考えない）。

《増上慢》まだ自分が獲得してもいない優れた徳性をもう獲得しているとして驕る心。

《卑慢》自分とは比べようもないほどに優れた相手と比べて自分はやや劣っているにすぎないと思う驕った心。

《邪慢》優れた徳性が具わってもいないのにその徳性があると思う驕った心。

◎無明（＝愚癡）

無明は、愚かなこと、真理を知らないことです。

◎見

見は、誤った見解、誤解のことで、次の五種類があげられます。

《有身見》絶対的なものではない「我」・「我所」を、絶対的にあると考える誤解。

《辺執見》「我」を断（現世では存在するが、死後・来世には断絶する）・常（永遠に存在する）であると考える誤解。

《邪見》四諦・縁起の道理などがないと考える誤解。

《見取》過っていることが明らかである劣った見解こそを優れていると考える誤解。たとえば、

「創造主によって世界が作られた」「覚りへの道ではないものを正しい道と考える」といった誤解。

《戒禁取》過った戒律・儀礼・修行などによって解脱を得ようとしたり、天（六道輪廻の世界観における最上界）に生まれられると考えたりする誤解。

◎疑

疑は、仏教を信じることができないことです。

以上、六種にまとめられた根本的な煩悩をあげましたが、これらに共通する性質として、次の四つが挙げられます。

《微細》働きが微妙で知り難いこと。
《随増》対象と心所によって増大すること。
《随逐》ぴったりと寄り添っていること。
《随縛》防ごうとしても度々起こる。

根本的な煩悩は私たちの一つひとつの行為すべてに関与して起こっていることから、「随眠」

ともいわれます。

ところが、私たち自身が、これらの煩悩を抱えていることに気づくことさえ困難であり、また私たちが何げなく過ごす日常の中の、あらゆる行動がすでに煩悩に影響され、また煩悩を起こしているという現実があります。

これらの根本的な煩悩は、「修行を進めていけば徐々に滅されていく」といわれていることから、「煩悩まみれである私たちにも救いがある」と感じることができますが、逆にいうと、「自身で修行をしない限りは滅されない」ということでもあります。

■その他の煩悩

先に挙げたものが根本的な煩悩ですが、その他にも煩悩はあります。

これらは、根本的な煩悩に付随して起こってくるものといわれ、根本的な煩悩を滅することができれば、それらを滅するための修行をしなくても自然となくなるものといわれます。

しかし、根本的な煩悩そのものが、容易には滅することができないわけですから、付随する煩悩も起こり続けるということでもあります。

◎無慚《むざん》
無慚は、徳を尊重しないこと、または自分を顧みて罪を恥じないことをいう。言い換えると、よい人間であろうとは思えない、悪い人間であってもいいや、と思ってしまうこと。

◎無愧《むき》

無愧は、罪を恐れないこと、または他人を見て自分の罪を恥じないことをいう。悪いことをするのにためらうことがないことや、自分が悪い人間だという思いを持てないこと。

◎嫉《しつ》

嫉は、他人の繁栄を喜ばないこと、他人が喜んでいることを喜べないこと。

◎慳《けん》

慳は、知識や財産・技能を人に与えるのを拒否し、固執することをいい、自分が所有するものを独り占めし続けようとすること。

◎悔《かい》

悔は、後悔すること、あるいは悪作ともいう。なぜ後悔が煩悩かというと、「いつまでも後悔し続けて前進ができない」という理解から。

◎睡眠《すいみん》

睡眠は、身体を支える力をなくし、心を粗略にさせる。睡眠は体を休めるためには必要なものだが、これがすぎると何もする気がおきなくなってしまう。

◎掉挙《じょうこ》

掉挙は、心が静まらないことをいう。心がたかぶってしまい、落ち着きのない状態になってしまうこと。
◎惛沈《こんじん》
惛沈は、掉挙の逆で、身心が重く軽快でないこと、心が落ち込んでしまうこと。
◎忿《ふん》
忿は、瞋恚や後に挙げる暴力を伴う害意（害）以外の怒りのこと。
◎覆《ふく》
覆は、失敗を覆い隠すこと。失敗してしまったことを隠し、なかったことにして取り繕うこと。
◎誑《きょう》
誑は、他人を欺くこと、騙すこと。
◎諂《てん》
諂は、心がねじれてしまって、何事に対しても正面から向き合わず、自分に対してもまっすぐに向き合わないこと。
◎憍《きょう》
憍は、自らの立場や能力に過剰な自信を持って、自惚《うぬぼ》れがはなはだしいこと。
◎悩
悩は、間違ったにもかかわらず、その間違いに拘《かかわ》り続けて、他人の声に耳を傾けないこと。

◎恨
恨は、腹立たしい事柄にいつまでも拘り続けること。
◎害
害は、暴力をともなって周囲に当たり散らすこと。

誑から害までを「六垢」といいます。垢は、本来的に備わっているものではないことを意図して用いられますので、いかなる時も保持し続けるものではなく、その時々の状況によって起こる煩悩と理解していいと思います。

また、唯識思想に見られる随煩悩《ずいぼんのう》（根本的な煩悩によって起こる副次的な煩悩）には、次のようなものもあります。

＊不信：真理・真実を信じないこと。
＊懈怠：努力しようという気をおこさないこと。
＊放逸：怠けようとする心のことで、頑張ろうという心を妨げるもの。これはより具体的に懈怠と三毒からなるものといわれる。
＊失念：大切なこと、正しいことを忘れること。ここでは特に正しい心の集中を妨げて、心を散漫にさせるもののことをいう。

＊散乱：（心が）集中しないこと。
＊不正知：ものごとを正しく知らず、あやまって捉えてしまう心のこと。

識（認識作用）を究明し、迷いから覚りへの転換が可能であることを明らかにしていった過程で、随煩悩という心の正しくない働きの様子や、正しくない心の働きによって、どのような不都合が生じるかも明らかにされていきました。

以上のように、代表的な煩悩を挙げましたが、根本的な煩悩よりも、その他の煩悩（随煩悩）の方がより具体的に、「自分自身の好ましくない面と一致する」と気づくものが多いのではないでしょうか。

つまり、私たちが仏教を学ぶ中で、自身の中の煩悩がどれほど多いかということ、そして、それらの煩悩を見ると、ただ何げなくその日その日を過ごしているだけで、繰り返し起こしてしまっているものであるということが、わかってくるのではないでしょうか。

しかし、私たちが注目するべき点は、それだけではないように思います。

随煩悩はさまざまなものがありますが、これらが、私と私以外の他者の間に生じるものであるということです。私たちは何者にも接することなく過ごすことができません。ですから、「当たり前に毎日を過ごす中で、必ず煩悩が起こる」といわれていることになるのです。

そして、それらの随煩悩は、根本的な煩悩があることによって生じます。

たとえば、根本的な煩悩の一つである無明は（十二縁起の理解によれば）、私が私として生まれる根源ともされます。

言い換えると、私として生まれる以前から、私に具《そな》わるべくして具わっているものが無明という根本的な煩悩であり、今の私という存在は煩悩によってあるものと考えられます。

そのような私たちにとって、仏陀になることを目指して自利利他を完成させることがどれほど難しいことであるかを、大乗仏教の思想が教えてくれているように思うのです。

◉——結び

これまで見てきたように、私たちにとって、利他の実践は理想であると同時に、あらゆるものが成仏することを目的とする大乗仏教の思想では、「必ず行うべきこと」でもあります。

ところが、利他を妨げる煩悩の原因や、それが起こる過程を考えると、極めて困難なことでもあります。

繰り返しになりますが、大乗仏教では、仏陀になるために重要なのは、「自利利他の実践である」と考えています。自利の完成は、あらゆる苦悩からの解放を得るための智慧を獲得することであり、それは、「無明（渇愛）を滅して、縁起の道理をありのままに悟ること」とされています。

しかし、縁起の道理をありのままに悟るということは、「自分と自分以外の他者のすべてが、あらゆるものとの関係性の上に仮に存在している」と理解することであり、自と他の区別がなくなることでもあります（無分別智の獲得）。

そこで、本当の意味での慈悲のはたらき、つまり他者の苦悩と、自分自身が無関係ではないことを悟り、「他者に苦悩がある限りは、自身の苦悩もあり続ける」ということに気づき、「他者を救わずにはいられない」という思いを起こすようになるというのです。

つまり、自利が完成し、智慧を獲得することによって、自然と起こる慈悲のはたらきこそが慈悲の実践なのです。

「慈悲の完成がなければ、自利の完成もあり得ない」ということがわかれば、「苦悩を抱える他者を、覚りに向かわせるように働こう」と考えるようになるのです。

ですから、「智慧と慈悲を完全に具えた者こそが、自利利他を完成させる」といえるのです。

武蔵野大学の建学の精神は、浄土真宗（本願寺派）の教えを基にしています。

浄土真宗は、自分自身の菩薩行を完成させることができない、つまり、「煩悩を消し去って仏陀となることができない凡夫」と捉え、「そのような自分が阿弥陀如来の本願によって救われる」

という阿弥陀信仰から発展したものです。

一般的に、日本の阿弥陀信仰とは、厭世的《えんせいてき》であり、現実から逃避しているように見られることもあるように思います。しかし、浄土思想に基づく阿弥陀信仰も、大乗仏教の流れの中にあります。大乗仏教が、「自分が救われれば終わり」と考えるのではなく、「仏となった後には衆生を救うように働く」というものであることを考えますと、自利利他の実践を最初から放棄したものではないといえます。

自らの苦悩の解決のためには悟らなければならないのですから、覚った者（仏陀）のあり方（慈悲の実践）を、自らの理想とすることには間違いないでしょう。

ですから、覚っていなくても、大乗仏教の正しさを信じ、まだ完全ではなくてもその時にできる利他を行うことに、そう大きな間違いはないのです。

他者と接することでしか生きられない私たちにとって、利他の実践への意識を持って日々を過ごすことは悪いことではありません。他者と接することで、煩悩はどうしても起こってしまうものです。「煩悩を抱えながら生きるしかないのが私たちである」という立場に最初から立っているともいえます。

つまり、「覚ってもいない、自他を分別して煩悩を抱え続ける私」というあり方は当たり前であり、「そのような私が今できる利他とは？」と考えたときに、利他が他者を対象とし、その他者と自分自身とが無関係ではあり得ないのですから、「他者のしあわせを願うことが自身のしあわせに結びついていく」という確信（信解）が大切なのです。

『維摩経』の維摩が、「一切の衆生の病が癒えれば、私の病も癒えるのだ」といったように、「すべての人々のしあわせが私のしあわせにつながっている」という思いを持ち、「他者と接する時の自身の心が、自他の分別による偏見に満ちていないか？」「煩悩からどれだけ離れた行為をともなうか？」

といったことを自然に考えられるようになることが大切なのではないでしょうか。

また、「悉有仏性《しつうぶっしょう》」という考え方も、「自分が悟る」という考え方のみにとらわれてしまうと、「仏性が有る＝仏陀になる因子を持っている」という理解になりやすいように思います。

それはそれで間違いではないのですが、大乗仏教では仏陀とは、「目覚めた人」の意味の他に、「慈悲を本性とする如来として他を救う者」という意味も含まれていると考えれば、「悉有仏性」には、「あらゆるものが自分を覚りへ導いてくれる者である」という考え方も成立するのではないでしょうか。そうであれば、「自分自身は他者との関わりの中にしかあり得ないにもかかわらず、自分のしあわせだけを求めることは不完全なものである」ということも考えられると思います。

武蔵野大学のブランドステートメントは、「世界の幸せをカタチにする。」ですが、世界がしあわせでなければ、私もしあわせにはなれないのです。

凡夫の身には完全な自利利他は困難ではあっても、自利利他を目指して、他者と関わっていこうとすることこそが、大事なことなのではないでしょうか。

◉参考文献

長尾雅人・丹治昭義訳『大乗仏典』7〈維摩経・首楞厳三昧経〉（2002 中央公論社）
長尾雅人・梶山雄一・荒牧典俊訳『大乗仏典』15〈世親論集〉（2005 中央公論社）
長尾雅人『『維摩経』を読む』（2014 岩波書店）
青原令知編『倶舎―絶ゆることなき法の流れ』（龍谷大学仏教学叢書4）（2015 自照社出版）
楠淳證編『唯識―こころの仏教』（龍谷大学仏教学叢書1）（2008 自照社出版）
小谷信千代・本庄良文『『倶舎論』の原典研究　随眠品』（2007 大蔵出版）
袴谷憲昭・荒井裕明校注『大乗荘厳経論』（新国訳大蔵経　瑜伽・唯識部12）（1993 大蔵出版）
能仁正顕編『『大乗荘厳経論』第1章の和訳と注解―大乗の確立―』（龍谷叢書20）（2009 自照社出版）
三枝充悳『中論』上・中・下（1984 第三文明社）

◉注

＊1　『維摩詰所説經』（文殊師利問疾品第五）大正 No.475

＊2　『大乗荘嚴經論』（縁起品第一）大正No.1604
＊3　『大乗荘嚴經論』（縁起品第一）大正No.1604
＊4　『辯中邊論』（辯相品第一）大正No.1600
＊5　『辯中邊論』（辯相品第一）大正No.1600
＊6　『大乗荘嚴經論』（縁起品第一）大正No.1604
＊7　『大乗荘嚴經論』（縁起品第一）大正No.1604
＊8　『辯中邊論』（辯相品第一）大正No.1600
＊9　空を説く中観思想では、煩悩は思考作用から生じるものであり、煩悩を滅するためには空を如実に知ること、と説かれる。

自らの意図を持った思考（思考作用）によって貪欲と瞋恚と愚癡が生じる。思考作用は、たとえば浄と不浄といった諸々の顛倒（あやまった理解）によっておこるものである。

およそ、浄と不浄という諸々の顛倒によっておこるそれらの思考作用は、自性（固有の実体）としての存在なのではないから、もろもろの煩悩も、真実としての存在ではない。（『中論』第23章1、2偈）

つまり、例えば「浄」と「不浄」の対立構造も、世間的な価値基準に基づいて設定されたものである以上は、「浄」も「不浄」も「顛倒（妄想）」であって、対象に「浄」や「不浄」を当てはめようとしている限りは「三毒（貪・瞋・癡）」を生じさせることになってしまう。しかし、空を正しく理解することとし、真如に至ることによって、世間的な「浄」と「不浄」といった対立構造もなくなり、それによって生じている煩悩も本来は無いものであると気づく、ということ。

Buddhism
and
Compassion

［オムニバス仏教講座］
仏教と慈しみ

IV

菩薩と凡夫

浄土教の利他行

Oyama Ichigyo

小山一行

仏教・仏法・仏道

私たちが学ぼうとしている仏教という教えは、昔から、「『仏教』は『仏法《ぶっぽう》』であり『仏道《ぶつどう》』である」といわれてきました。

「仏教」というときは、文字通り「仏が説いた教え」という意味で、誰が説いたかというところに中心を置いた表現です。ここでいう「仏」とは、仏陀という言葉の省略であり、実はインドの古い言葉で、「目覚めた人」というほどの意味です。

今からおよそ二千五百年前、インドの北方に居住していた釈迦族の王子が、二十九歳の時に王宮の生活を捨てて修行者となり、六年後の三十五歳の時、「さとり」と呼ばれる深い宗教的体験をしました。

歴史上の名は、ゴータマ・シッダッタといいますが、仏教徒は一般に「釈迦族出身の尊いお方」という意味で釈尊といっております。その人の教えに触れたとき、多くの人々は「この方こそ真理に目覚めたお方である」と感じ、仏陀と呼んだのです。
その「目覚めた人」すなわち仏陀が説いた教えですから「仏教」というのです。

しかし、その教えは、釈尊という一個人が、「頭の中で創り出した教え」という意味ではありません。釈尊がこの世に生まれようと生まれまいと、変わることのない「真理」というものがあるのです。

「道理」といってもいいですが、「まこと」「真実」というような意味です。これをインドの言葉でダンマ、あるいはダルマといい、漢語に訳して「法」といいます。

その法に目覚めた人である仏陀が、みずからの目覚めの内容を人々に語ったのが仏教ですから、仏教の教えの中身は仏陀の目覚めの内容、すなわち法にほかなりません。

そのような意味で、「仏教」は「仏法」である、といわれるのです。

さらに、もしそのさとりが釈尊一人の独占物であるならば、私たちが学ぶ意味はないことになります。私たち自身がそのさとりの中身を学び、それを共有して、目覚めて生きる身となりたいと思うかどうか、それが最も重要なことでしょう。

仏教は、私たち一人ひとりが目覚めに至る道として説かれているのです。そういう意味で、「仏教」は「仏道」である、というのです。

初めての説法――目覚めの共有

釈尊は、三十五歳の時に、菩提樹の下で深い目覚めを体験しました。私たちはこれを「さとりを開いた」と表現してきました。そのさとりの体験が、多くの人たちによって共有されたということが大事なことなのです。

釈尊の伝記によれば、さとりを開いた釈尊は、その目覚めの内容を五人の修行者に向かって初めて説いたと伝えられています。この五人が最初に釈尊の説法を聞いたとき、やがて一人が、「そうです、あなたのおっしゃる通りです、ここに人生のまことの姿があります」とうなずきました。それから次の人、次の人という具合に、五人の修行者が釈尊の説法を聞いて、その内容を共有して喜んだといわれています。

その時に経典は、「かくして阿羅漢《あらかん》は世に六人となった」と記しております。「一人の仏陀と五人の弟子」ではなくて、「六人の阿羅漢ができた」という表現になっているのです。「阿羅漢」というのは、漢文の経典の表現ですが、古いインドの言葉で「アルハット」、あるいは「アラハン」という言葉の発音を、漢字で写したものです。

阿羅漢とは、「お供え物をするのにふさわしい尊いお方」というほどの意味で、意味を訳するときは応供《おうぐ》といいます。つまり、その人を見ていると何となく尊い、有り難いという気持ちになって、何かして差し上げたくなるようなお方。それはもともと仏の呼び名の一つだったのです。

経典には、釈尊に対する呼び名として、十通りの名前が伝えられています。当時のインドの人たちが釈尊の尊いお姿に触れて、いろいろな呼び名で呼びかけるわけです。

正確にいうと十一通りあるのですが、これを「十号」といっています。

この十号の二番目にあるのが、「応供（＝阿羅漢）」です。ですから、「阿羅漢は世に六人となった」と書いてありますが、これはつまり釈尊のさとりの内容を、五人の弟子たちが聞いて共有したという意味です。

従って、最初の段階では、釈尊のさとりと弟子たちの目覚めというものは区別されることなく、同列に記されていたということです。

●——仏のさとりと仏弟子のさとり

ところが、仏教の歴史をたどっていくと、その最初の説法以後、弟子たちが徐々に増えていって、初期の教団ができます。

釈尊は三十五歳の時から説法を始めて、八十歳で亡くなるまで、四十五年にわたって教えを説き続けました。その間に、正確な人数は分かりませんが、おそらく数千人の弟子ができたと思われます。

釈尊が亡くなってしばらくの間は、仏教教団は一つのまとまりをもっていたのですが、その中で徐々に、「やはり弟子たちが到達できる目覚めと、釈尊が成就したさとりの境地というものは比べものにならないのだ」という考えが出てきます。

釈尊のさとりは別格扱いで、「弟子たちは阿羅漢まではいけるけれども、釈尊のさとりはそんなものではない」というような考えが出てきて、弟子たちのさとりの段階を四つに分けて説明するようになります。

これが声聞《しょうもん》の四果といわれるものです。

〔声聞四果〕

①預流《よる》果　最悪でも生まれ変わるのは二十八回までで、解脱することができる。
②一来《いちらい》果　一度だけ神々や人間の世界に生まれ、その後、解脱することができる。
③不還《ふげん》果　欲望の世界の煩悩を滅し、再び還ることはない位。
④阿羅漢果　あらゆる煩悩を滅して解脱した聖者の位。

声聞というのは、「釈尊の声、教えを聞いて学ぶ弟子たち」ということです。

その弟子たちが最初に到達できるさとりの位は、まず教えを聞いて、「なるほどここに尊いものがあるのだな」ということを感じ、仏教の流れに与《あず》かる。この段階を「預流果」といいます。

この預流果に到達した人は、二十八回までは迷いの世界に生まれ変わっても、二十九回目はもうありません。「二十九有《う》に至らず」といわれてきました。「有」というのは迷いの存在ということです。迷いの世界に生まれるのは二十八回までで、二十九回目には必ずさとりを開くことができる。そういう境地に入った段階を、預流果に至ったというのです。

こうした説明の背後には、生まれ変わり、つまり「輪廻」という考え方があります。

古代のインドでは、この人生がすべてではないのです。この人生が終わったら、また何かに生まれ変わると考えました。

私たちは人間として生まれてきましたので、人間として死ぬわけですが、その次は、たとえば魚になって、その次は鳥になって、その次は虫になってという具合に、いろいろな世界をめぐっていくという考えです。

これは仏教の教えではなく、釈尊が生まれる以前からあったインドの古代信仰です。

これに対して仏道の流れに入った人は、最大で二十八回までは生まれ変わりますが、二十九回目はありません。なぜなら、二十九回目には解脱して、輪廻の迷いの循環から脱出するからです。

その弟子のさとりの段階が次第に深まってくると、二番目には一来果といって、一回だけ人間界や神々の世界に戻ってくる。一来果に至った人は、人間界が終わったら天上界という神々の世界に生まれ、そこで神々の世界の一生が終わると、一回だけ人間界に戻ってくる。そして、人間界に戻ってきて解脱するというわけです。これを、一回だけ来るという意味で、一来果というのです。

それからさらに位があがりますと、「不還果」といって、もう還らないという位に至ります。もう再び迷いの世界に還るということがなくなる。それを「不還」といいます。そして、その不還果を通過して、最終的に到達する弟子の最高の位を「無学果」といいます。

無学というのは学問が無いという意味ではなく、「学ぶべきことがもう無くなった」ということで、これが一番高い位なのです。あらゆる煩悩を克服して、ついに解脱したというわけです。ですから、生まれ変わりという輪廻の世界はもう終了したということです。

それが弟子たちの到達する最高の位なのです。

●——阿耨多羅三藐三菩提

ところが、「釈尊のさとりは、その阿羅漢よりもはるかに深いのだ」ということで、古代インド語では「アヌッタラ・サムヤック・サンボーディ」といいますが、その発音を漢字で写して、「阿耨多羅《あのくたら》三藐《さんみゃく》三菩提《さんぼだい》」などと書きます。

ボーディ（菩提）というのがさとりを意味します。それに形容詞が付いているのです。

アヌッタラ（阿耨多羅）というのは、「この上もない」ということです。

サムヤック（三藐）サンボーディ（三菩提）というのは、「完全なさとり」というほどの意味です。

この上もない最高のさとり、これは釈尊だけの、独自の境地だというわけです。

つまり、弟子たちのさとりと釈尊のさとりはレベルが違うのだという考え方が出てきたということです。


釈尊が生きていたころ、あるいは亡くなって少なくとも二百年くらいは、仏教教団は一つのまとまりの中にありました。それがやがて、いくつかのグループに分かれていきます。

そして、教義の研究に没頭する時代となります。

経典解釈の時代、それを一般に「部派仏教の時代」といいます。その部派仏教の時代に、今述べたような、「弟子たちのさとりと釈尊のさとりは別格なのだ」という考え方が出てくるのです。

それに対して、「それはおかしい」と考える人たちが現れます。

釈尊は托鉢をしながら多くの村や町を歩き、さまざまな人々に教えを説かれたわけで、僧院にこもった出家の弟子たちが経典の解釈をめぐって複雑な研究をしているような、そういう仏教のありかたはおかしいという批判が出てきて、出家・在家にかかわらず、すべての人が釈尊のさとりを共有できるはずだと主張し始めるのです。

最初に述べましたように、仏教とはそもそも仏道だったはずですから、「私たちが目覚めて生きる身とならせていただく、すなわち仏に成る道を歩むというのが、仏教の本来の姿勢ではなかったか？」ということです。

そうすると、出家者、すなわち専門の修行者を中心とした仏教のあり方に批判的な人たちのグループでは、すべての人が仏となる道として仏教を位置づけ、意味づけしようとする運動が興りました。それがいわゆる「大乗仏教」です。

大乗仏教では、「万人が成仏する」「すべての人々が仏に成る可能性を持っている」と主張しました。これを「一切衆生悉有仏性《いっさいしゅじょうしつうぶっしょう》」といいます。

仏性というのは「仏に成る可能性」、もっといえば「仏の本性」という意味でもあります。「仏に成る本質は、すでに自分の中にあるのだ、しかし、それに気づいていないだけだから、その仏性を掘り起こして、釈尊のさとりと同じ最高のさとりに至ろう」。

そんな願いをもって仏道を歩もうとするのが、大乗仏教なのです。

●――大乗菩薩道

大乗仏教では、仏に成ろうという決心をして仏に成る道を歩む人を、「菩薩」というようになります。これが大乗仏教のスローガン、旗印であり、「大乗菩薩道」といいます。

大乗仏教の成立については、近年いろいろな研究成果が発表されていて、まだ落ち着かないのですが、少なくとも釈尊が亡くなって数百年たったころ、紀元前後に、「すべての人が仏に成るのだ」とか、「阿羅漢まででいいという考えはおかしい」という運動が興ったといえるでしょう。

この菩薩という言葉は、もともとは、さとりを開く前の釈尊の呼び名として用いられたものでした。初期の経典に出てくる菩薩は、みな釈迦菩薩なのです。釈尊の伝記では、釈尊が王宮の生活をしていた時期には、「太子」と記されています。釈迦族の王子として生まれた人ですから、当然のことです。

「太子の少年時代にはこんなことがあった」「太子はあるときこう言った」というように、太子は、太子は、と記されています。

ところが二十九歳の時に王宮を捨て、修行者となったとたんに、釈尊の呼び名が「菩薩」に変わります。文字通り、さとりを開く前の段階、さとりを求める人という意味で、釈尊のことを「菩薩」と呼んでいるのです。

それから六年間、菩薩として修行をし、三十五歳の時にさとりを開いた、そのとたんに釈尊の呼び名は「仏陀」になります。あるいは「世尊」とか、「阿羅漢」とか、すでに述べたように十通りの呼び名で呼ばれるようになるのです。

ですから、菩薩という言葉は、もともと「さとりを開く前の釈尊を指す呼称」であったようですが、後には釈尊がこの世に生まれる前、「前世の釈尊を表す呼び名」として用いられるようになります。

つまり、「釈尊は生まれる前から菩薩だったのだ」という考えが出てきたということでしょう。釈尊の前世の物語、これをジャータカ（前生譚《ぜんしょうたん》）といいます。

この世に釈迦族の王子として生まれる前、釈尊が兎だったころ、猿だったころ、鹿だったころ、というような具合で、さまざまな説話が数多く成立いたします。

そして、それらはすべて、「他のものを救うために自分の身を捧げる」という利他行の話なのです。

たとえば、釈尊が前世で兎だったとき、道に迷って食べ物もなく、死にそうになった旅人のために、「私を食べなさい」と言って、焚火の炎の中に飛び込んだ兎の話があります。

釈尊は前世において、「他者の幸いのために自分の命を捨てる」という功徳《くどく》を積み、仏に成るべくしてこの世に出現したのだと語られるようになったのです。

これらはみな、人々を救いたいという釈尊の慈悲、利他の心を表すものとして、菩薩という言葉が用いられた例です。

ところが、大乗仏教というのは、すべての人々が釈尊と同じさとりに至る道を歩もうというのが根本であり、そのさとりを自分だけのものにするのではなく、人々をさとりに導こうとするのが仏であるとすれば、そういう仏に成りたいと願って道を歩む者は、みんな菩薩なのだと考えるようになります。

いわゆる「誰でもの菩薩」というような考えになっていくのです。

「仏道を歩むというのは、自分が苦しい生活をしているから楽になりたいというようなものではない。そういう狭い了見ではいけない。すべての人々と共に安らぎの境地に至ろうとする願いを持って、誰もが菩薩として道を歩むべきである」

というようになってきたのです。

ですから、菩薩の心は自利・利他の完成を願うということでなければなりません。

漢文の熟語で表せば、「願作仏心《がんさぶっしん》・度衆生心《どしゅじょうしん》」といいます。願作仏心とは、仏に成りたいと願う心です。それは自分自身の利益になることですから、「自利」といいます。

しかし、その願いは、「自分一人がさとればいい」ということではありません。

ちょうど川の向こう岸へ渡るのに、「一人で泳いで行こう」とか、「ボートを漕いで行こう」とするのは、自分が渡ろうとするだけですから考え方が狭い。

そうではなく、「大きな船に乗って、みんなで一緒にさとりの彼の岸へ渡ろう」と願う。それは他の人を利するという意味で「利他」といいます。

その利他ということを常に念頭において仏道を歩む、そういう人を菩薩というのです。

もっといえば、「自分はまだ渡っていないのに、お先にどうぞと他の人を渡す」ことを、「自未《じみ》得度《とくど》・先度他《せんどた》」といいます。

「自らは未だ度《ど》せざるに、先に他を度《わた》す」

ここに「度」という言葉が出てきますが、「渡る、渡す」という字のサンズイを省略しているのです。

私たちは、迷いの多い人生を生きております。このまま人生が終わったら、また生まれ変わり死に変わりして、輪廻の中をグルグルめぐって行くのでしょう。そういう人生から解放されて、もろびとと共に、二度と生まれたり死んだりしない境地を目指そうというのが仏教でありました。

そのために自利利他円満を目指すのですが、むしろ、「人々が幸せになることを願って自分自身の道を歩むのだ」というのが大乗菩薩道の精神なのです。

このような菩薩に共通する願いを示したのが「四弘誓願《しぐぜいがん》」です。

衆生《しゅじょう》無《む》辺誓願度《へんせいがんど》
煩悩《ぼんのう》無《む》数誓願断《しゅせいがんだん》
法門《ほうもん》無《む》尽誓願学《じんせいがんがく》
仏道《ぶつどう》無《む》上誓願成《じょうせいがんじょう》

宗旨によって多少文字の表現が違うものもありますが、基本は「四つの願い」ということです。一番に記されているのが利他であることに注意してください。

「衆生無辺誓願度」というのは、生きとし生けるものの数は数えきれないほど多いけれども、そのすべてを向こう岸に渡したい、という願いです。そのために、まず自分自身の数知れない煩悩を克服したいと願う、これが「煩悩無数誓願断」です。

煩悩とは欲望や瞋《いか》りなどの迷いの心です。それを断ち切って、迷いの世界から離れて、人々を救いたいと願う。そのための道として説かれているのが仏教の教えでありますから、「法門無尽誓願学」となります。

法門は「仏教の教えの門」という意味で、

「その内容は無尽蔵であるけれど、そのすべてを学びたいと願う。そして、この上もない仏道を完成させたい。その仏道は、自分一人のさとりということではない。自利利他円満という境地に到達しようと願うのだ」

ということになり、これを「仏道無上誓願成」といっているのです。


武蔵野大学の学長を長年務めた山田龍城先生は、これを次のように現代語訳しています。

一、生きとし生けるものの幸せのために〔度〕
一、私のひとりよがりの心を浄め〔断〕
一、正しい道理をどこまでも究め〔学〕
一、生きがいのある楽しい平和な世界を打ち立てたい。〔成〕

武蔵野大学では、毎週一回行われる大学礼拝の時間に、これをみんなで読んでおります。

四弘誓願は、漢文のままではいかにも難しいので、山田龍城先生が柔らかい日本語にしてくださったのです。

この四弘誓願では、「生きとし生けるものが幸せになるために、私のひとりよがりの心を浄め」と、利他が先に出ていることに注意していただきたいと思います。それが大乗の菩薩の心なのです。

このように、大乗菩薩道の第一歩は、菩提心、すなわち「仏のさとり（菩提）を得たいという願いを発《おこ》す」ことから始まります。

その菩提心を初めて発した段階を「新発意《しんぽち》の菩薩」といいます。「仏に成ろうという意《こころ》を新たに発した」という意味です。

それから久しくその道を歩んでいく段階を経て、ここまで来たらもう大丈夫という位に至ります。もはや後戻りすることがない、という意味で「不退転《ふたいてん》の位」とか、正定聚《しょうじょうじゅ》ともいいます。「正《まさ》しく仏に成ることが決定した仲間に入る」という意味です。

一般の稽古事でもそうだと思いますが、何かを習い始めて稽古に励み、一定の段階まで上達したとしても、油断して稽古を怠ると、またもとの状態に戻るということになりかねません。しかし、修練を積んである一定の状態に到達すれば、少しくらい休んでも、はじめからやり直しということにはならないでしょう。

「ここまで来れば、もう後戻りはしない、前進あるのみ」という段階があるのではないでしょうか。「正定聚」、「不退転」というのは、そのような段階をいうのです。

そして、仏に成る一歩手前にまで上り詰めた菩薩の最高位を「一生補処《いっしょうふしょ》の菩薩」といいます。

「今、人間として生まれているこの一生だけは人間という姿であるけれど、この一生が終われば、次には必ず仏に成って、釈尊の住《じゅう》しておられた座を補うべき位置に至る」

ということです。これが菩薩の最高位です。

弥勒菩薩は、今、兜率天《とそつてん》というところにおられて、釈尊入滅後この世界から仏法が消滅するという事態になったとき、この世に出現して仏に成るべく準備を整えて待機しておられるというところから、一生補処の菩薩と呼ばれるのです。

このように、新発意の菩薩から久修《くしゅう》の菩薩、不退転の菩薩から一生補処の菩薩、そうしてやっと仏に成るのだと考えたとき、私たちは今、どの段階にいるということになるのでしょうか？

◉――菩薩道の階梯

「凡夫が徐々に階段を上って行ってやがて仏に成る」

その菩薩道の階梯は、経典によってさまざまに説かれるようになります。

たとえば『華厳経』では「十地《じゅうじ》」といい、十段階で説明されています。

この十地の次を「等覚《とうがく》」といいます。「覚」がさとりでありますから、等覚は「さとったに等しい」という位、つまり菩薩の最高位、一生補処のことです。

そしてその次が「妙覚《みょうがく》」。これが仏のさとりそのものです。そうすると、十地は等覚と妙覚に至る前の段階ということになります。

そして、十地の第一段階を初地《しょじ》といいますが、それが前に述べた正定聚、不退転の位であって、ここまで来ればもう後戻りしない、成仏というゴールが見えたというわけで、大きな喜びが湧いてきますので、これを「歓喜地」ともいいます。

〔十地〕

①歓喜地《かんぎ》　必ず仏と成ることが決定し、歓喜が生じる。〔正定聚〕

②離垢《りく》地　煩悩を離れて清浄となる。

③発光《はっこう》地　智慧の光明が輝き始める。

④焔慧《えんね》地　智慧がいよいよ盛んになる。

⑤難勝《なんしょう》地　言葉を超えた真理と、言語による表現が調和される。

⑥現前《げんぜん》地　宇宙のあるがままの真実の姿が現前する。

⑦遠行《おんぎょう》地　大悲心を起こし、自分だけのさとりを遠く離れる。

⑧不動《ふどう》地　森羅万象の真実な姿を見て動揺しない。

⑨善慧《ぜんね》地　聞き手の能力に応じて、巧みに説法する。

⑩法雲《ほううん》地　他に対して、大いなる雲のような慈悲のはたらきを現す。

さらに、『菩薩瓔珞本業経《ぼさつようらくほんごうきょう》』では、この十地に至る前に、「十信《じゅっしん》」「十住《じゅうじゅう》」「十行《じゅうぎょう》」「十回向《じゅうえこう》」という、四十の段階があると示されています。

それに従えば、十地の最初の歓喜地は四十一段目ということになります。

このようにさまざまな経典で菩薩道の階梯が説かれるようになると、「菩薩道を完成することは、そんなに簡単なものではないぞ」ということになってくるわけです。

〔五十二位〕

十信　教法を信じて疑心がない状態に至る。
十住　真実の道理に安住する境地。
十行　利他行として衆生を済度する位。
十回向　自利・利他の行を広く回施する。……ここまでが凡夫の位。
十地　仏の智慧を生成し他を利益すること大地の如くになる。……ここからが菩薩。
等覚　仏のさとりに至る直前。もう一歩で仏と成る、菩薩の最高位。
妙覚　仏のさとりそのもの。

十信というのは、仏法に対する信頼をもって学び始めるという意味で、その段階が十通りあるというのです。

次の十住とは、一定の境地に安住する段階というほどの意味で、これを十に分けて十住といいます。

それから修行を重ねていく段階が十行であり、これらによって得られた自利・利他の功徳を、他者に振り向けていくことを十回向といいます。

これを合算すると、凡夫が仏に至るまでに五十二の段階があることになるのです。


「さとりを求める人」という意味では、発心した人はすべて菩薩であるともいえるのですが、厳密にいえば、十地まで来た人を菩薩（聖者《しょうじゃ》）というのです。

初地から上が菩薩であって、それまでは凡夫ということです。十地の最初の不退転というところまで行くのに、実は四十段あるということです。

大乗仏教の経典が数多く成立していく中で、「菩薩道というのはそんな簡単な話じゃないぞ」ということになってくるのです。

そして、十地の最初の段階、五十二位でいえば四十一段目まで来るのに、どれだけ時間がかかるかというと、一阿僧祇劫《いちあそうぎこう》かかるというのです。これまた面倒な話なのですが、「劫」というのは時間の単位です。

たとえば、「法蔵菩薩が阿弥陀仏に成ったのはいつか？」ということについて、『無量寿経』では「今より十劫の昔」とされています。

また、「法蔵菩薩が阿弥陀仏に成るのに、どのような願を発したらよいか?」については、「五劫の間、思惟した」と説かれています。

その時に出てくるのが「劫」という単位です。

古代インド語ではカルパといいますが、これを漢字で「劫波」と写し、略して「劫」といっております。これは百年や千年といったものではありません。何千億年、何万億年といった途方もない天文学的な時間のことです。ほとんど無限といった方が良いような長い時間のことを劫といいます。

それにまた形容詞を付けて、「阿僧祇劫」といっています。

阿僧祇というのは古代インド語でアサンキャといい、「数えられない」という意味です。五劫とか十劫ではない、数えきれないほどの劫。凡夫が仏道を歩んで行って四十一段目、菩薩の最初の段階に達するのに、一阿僧祇劫という長い時間がかかるというのです。

また、初地から第七地まで到達するのにさらにもう一阿僧祇劫かかり、第八地から第十地に至ってついに成仏するのには、また一阿僧祇劫かかります。これを合算すれば、なんと、凡夫が仏になるのに三阿僧祇劫という遥かな時間がかかるというわけです。

こうなると当然のことながら、「私たちはいつになったら菩薩になれるのか?」という問題が起こります。いつまでたっても、凡夫の四十段の所でウロウロしていたのでは不退転に入れないということが、大乗仏教の中で問題になってきます。

そういう自覚が深められてきたときに登場するのが、実は「浄土教」というものなのです。

◉——末法の時代と劣機の自覚

大乗仏教の経典を読んでいますと、大乗仏教特有の歴史観といいますか、一種の衰退史観とでもいうべきものが感じられます。

人類の長い歴史を考えたとき、時代は徐々に良くなっているといえるでしょうか?

縄文時代は狩猟採集の時代で、食べるものも少なく、生活は安定しておりませんでしたが、弥生時代になって農耕が始まると、稲作によって食べる物も安定してきました。

そして、平安時代、室町時代、江戸時代を経て現代に至り、どんどん世の中は豊かになって、便利になってきました。

ということは、人間は次第に「上等」になってきたということなのでしょうか?

経典を見ると、「世の中が次第によくなる」ということは、あまり説かれていません。

逆に、「釈尊が生きていた時代が一番良かった」とされていて、これを「在世の時代」といいます。釈尊が亡くなってから数百年は、その仏教の教えが正しく伝わっている時代です。

在世の時代と同じように、教えがあって、修行する人もあり、さとりに至る人もいる。これを「正法《しょうぼう》の時代」といいます。経典によって数え方が違いますが、たとえば正法五百年としておきましょう。そうすると、釈尊が亡くなって五百年たったら、正法の時代は終わって「像法《ぞうぼう》の時代」になります。

「像」というのは「映像・影形《かげかたち》」のことです。仏教の教えはどうにか形だけは残っていて、修行する人もいるのですが、もはやさとりに至る人はいなくなってしまう時代です。

そういう時代を「像法の時代」といいます。この像法は千年ほど続き、釈尊が亡くなって正法五百年、像法千年を過ぎると、ついに「末法《まっぽう》」という時代になります。

末法とは、仏教という教えはかろうじて残ってはいますが、それに従って修行する人もなく、さとりを得る人もいない時代です。そして、末法が一万年続くと、仏教という教えそのものがこの世から消滅する、「法滅尽の時代」になると説かれます。

つまり、「時代は次第に悪くなる」というのです。

釈尊が亡くなったのは、今から二千五百年くらい前ですから、今はもはや末法の世ということになります。そういう考え方が、経典の中に説かれているのです。

日本にもそれが伝わってきて、日本では平安時代の終わりころ、一〇五二年（永承七年）が末法元年とされたようです。その当時の貴族の日記などにも、「いよいよ末法に入った」というような記事が出てきます。

「教えはかろうじて残っていて、寺院には僧侶もいるのだが、もはやこの世で修行して仏道を完成することは不可能な時代になった」

ということです。

正法五百年、像法千年、末法は一万年続くとすれば、今、私たちは末法のど真ん中にいることになります。この現代において、仏の教えを聞こうなどという人は、奇人、変人、奇特なお方……ということであり、世の中の多くの人々は、いかにしてお金を儲け、おいしいものを食べ、健康で長生きするか……ということに明け暮れているのではないでしょうか？

それが、まぎれもなく末法の世に生きているということなのです。

このように、時代はだんだんひどくなり、悪くなっています。

成仏の理想を掲げて菩薩道を歩むといいますが、凡夫が仏に成るのに三阿僧祇劫かかるというのであれば、「そんなことが私にできるのだろうか？」と感じるのも無理のないことです。

末法という歴史観は、決して単に時代が悪いということを問題にしているだけではありません。

そういう時代を生きている中で、私たちは「本当に仏に成れるのだろうか？」という、自分の能力が問題になってきたことでもあるのです。

「自利利他円満の理想に向かって前進していく能力が、自分にはないという自覚」

これを「劣機《れっき》の自覚」といいます。「機」というのは自分の能力ということです。「その能力が劣っている」と感じることはないでしょうか。

「凡夫が仏に成るのに三阿僧祇劫かかるとされる菩薩道を、私は発心《ほっしん》してここまで登ってきた。もう少しでその道は完成するのだ」

そう思える人は幸福な人です。

もしそう考えるのなら、それはけっこうなことだと思います。ところが、大乗仏教の歴史においては、「この世で菩薩道の完成を期するのは不可能だ」と感じた人がたくさんいたのです。

たとえば、『無量寿経』という経典には、「この世でどんなに悪がはびこっているか、人間がどんなに愚かになって、能力が低下しているか」ということが説かれています。

『観無量寿経』という経典では、九通りの仏道があると示されているのですが、その最後に出てくるのが「下品下生《げぼんげしょう》」です。

仏道を歩む人の資質を「上品《じょうぼん》」「中品《ちゅうぼん》」「下品《げぼん》」の三通りに分け、その各々に「上生《じょうしょう》」「中生《ちゅうしょう》」「下生《げしょう》」の三種があるとし、「上品上生《じょうぼんじょうしょう》」から「下品下生」まで、九段階の仏道を歩む姿が説かれているのですが、生まれてこのかた一つも善なることをしたことがない最悪の人、極重《ごくじゅう》の悪人について述べられているのが「下品下生」です。

ここに、一生涯悪の限りを尽くして生きてきた人が、命が終わる直前に仏法に出会って、十回だけ念仏を唱えて息が絶えるという話が出てきます。

さらに、『涅槃経』という経典には、父親を殺した阿闍世《あじゃせ》という極悪人の話が出てきます。

阿闍世は釈尊在世の当時、マガダ国の太子だったのですが、早く王様になりたくて、父親を牢獄に閉じ込め、その父王を助けようとした母親の韋提希《いだいけ》も、また牢獄に閉じ込めてしまいます。

その結果、父王は命を落とすことになりました。

父を殺すというのは「五逆罪」という最も重い罪の一つです。

その父殺しの阿闍世がいかにして救われていくのかということを主題にした経典が『涅槃経』です。

これらの経典が問題にしているのは、菩薩たり得ない者、悪を離れられない者、罪深き者に、成仏の可能性が開かれていることを説こうとしているのです。そういう深い迷いの世界にいるもの、それが自分だと感じた人たちがたくさんいたということでもあります。

釈尊が亡くなって、すでに末法の世となったこの世界において、菩薩たり得ない罪深い者が修行して成仏を期するのは不可能でしょう。しかし、最終的に成仏することを断念すれば仏道にはなりません。

では、どうすればよいのでしょうか？

こうした問いに答える形で成立したのが、「浄土教の経典」であるといえるでしょう。

◉——往生浄土の教え

「釈尊が亡くなってもう二千年以上たってしまった、この現実の世界に仏はいない。しかし、仏というのは自利利他の完成を期して成仏した人であって、過去にも未来にも、現在にも、あらゆる世界に無量の諸仏がましまして、すべての人々をさとりに導こうと活動しておられるはずである。そうした仏のまします世界に生まれることができれば、その仏のみもとで成仏することができる」

と経典は説きます。

この世界に出現して仏陀となったのは、歴史上では釈尊ただ独りです。

しかし、仏というのはもともと「真理に目覚めた人」という意味ですから、「釈尊以前にも仏陀はいたはずだ」ということは、釈尊自身によって最初期の経典からすでに説かれていました。

また、

「末法一万年が過ぎて法滅尽の世となり、この世界から完全に仏の教えが消滅するときが来ても、その時にはまた、弥勒という菩薩が出現して、仏と成るべく準備を調えて待機しておられるはずだ」

という教えも広く伝えられています。

さらに、「仏というのは、そもそも永遠の命を持ったお方なのだ」と考えるのが大乗仏教の特色でもあります。

たとえば大乗仏教を代表する経典の一つである『法華経』では、

「三十五歳でさとりを開き、八十歳で入滅されたように見える釈尊は仮の姿であって、仏の命は本来永遠なるものである。しかし、いつまでもこの世にとどまっていると、きちんと教えを聞こうとしなくなるから、仮に死んでみせるのである」

と説かれています。

そうすると、過去にも未来にも現在にも、たくさんの仏がいるということになり、これを「三世十方の諸仏」といいます。

「東方は『阿閦仏《あしゅくぶつ》』、西方は『阿弥陀仏』というように、東西南北上下の十方世界にさまざまな諸仏がましまして、その仏たちがそれぞれ自分のいる場所、国土を持っている。その仏の国土を浄土といい、そこに生まれたら、浄土で直接仏の教えを聞いて、仏道を成就することができる」

そういうことが説かれるようになりました。

そして、「その仏の浄土にいかにして生まれるか」ということを説いた往生浄土の教えを、「浄土教」といっているわけです。

●法蔵菩薩の物語――親鸞聖人の読み方

大乗仏教では、このように、「多くの仏がいる」と説かれるのですが、それらの諸仏の中で、特に人気があったのは（「人気があった」というのは変な言い方ですが）、阿弥陀仏という仏です。阿弥陀仏について説いている経典はたくさんありますが、一番重要な経典は『無量寿経』で、この経典の主題、メインテーマは、法蔵という菩薩についての不思議な物語です。

「今から十劫という遥かなる昔に、法蔵という菩薩が、すべての生きとし生けるものを仏にしたいという願いを建て、その願いをことごとく成就して、阿弥陀仏という仏に成った」

この法蔵菩薩がいかにして阿弥陀仏に成ったか、その阿弥陀仏に成った結果、どのような国土ができたか、そして、私たちが阿弥陀仏の浄土に生まれるにはどうしたらよいのか、その浄土に生まれた人はどのような功徳を得るのか……。

そういったことを一貫して説いているのが、『無量寿経』です。

「法蔵菩薩は、すべての人を仏にしたい、さとりの彼《か》岸《きし》に渡したい、そのために、どんな願いを建てたらよいのか？　と五劫の間考えて、四十八の願を建てた。その願をことごとく仕上げて阿弥陀仏という仏と成り、西方に極楽浄土という世界ができた。阿弥陀仏は今、その浄土に現にましまして、私たちに向かって、我がもとへ来たれと呼びかけている」

そんなことが『無量寿経』という経典に説かれています。
その物語を聞いて、みなさんはどのようにお感じでしょうか？

弥陀成仏のこのかたは
いまに十劫を経《へ》たまへり
法身《ほっしん》の光輪きはもなく
世《せ》の盲冥《もうみょう》をてらすなり
（『浄土和讃』讃弥陀偈讃）

このような親鸞聖人の和讃があります。
これは『無量寿経』に説かれた物語を下敷きにしたもので、無量寿経という経典の中に、そのように書いてあるのです。

「法蔵という菩薩が、今から十劫の昔に、四十八の願を建てて、その願をことごとく仕上げて、阿弥陀仏に成った」

とあるのですが、別の和讃を見ると、

弥陀成仏のこのかたは
今に十劫と説きたれど
塵点久遠劫よりも
久しき仏と見えたまふ
（『浄土和讃』大経讃）

とあります。

「法蔵菩薩が阿弥陀仏に成ってから、今までにどれだけの年月が経《た》っているか、それは十劫の昔と経典には説いてあるけれども、よくよくうかがってみると、十劫や二十劫ではない、空中に飛ぶ塵の数よりも遥かに多い、永遠の昔のことのように思われる」

という意味で、

「経典には、法蔵という名の菩薩が阿弥陀に成ったと書いてあるけれども、実は、法蔵が阿弥陀に成ったのではない、永遠のいのちを持った仏が、法蔵という姿を現して、阿弥陀になってみせたのだ」

というのです。

法蔵が阿弥陀に成ったのが十劫の昔だということにこだわりすぎると、

「では十一劫の昔には阿弥陀はいないのか？」

ということにもなりかねません。

十劫と仮に書いてありますが、もともと仏というものは永遠の命を持ったものであり、その久遠《くおん》の仏が、私たちを救うために法蔵という姿を現して、阿弥陀仏になってみせたといいたいのです。

「永遠の命を持った仏のはたらきは、すでに完成しています。私たちは、その仏のはたらきの中にすでに抱かれて生きておりながら、それに気づいていないのです。そのことを知らしめようとするのが仏の願いであり、それは私たちが願うより先に、すでに届けられているのです。いわば全宇宙に遍満する形なき仏が、万人にみずからを知らしめようとして願を起こすのです」

そんな物語として、親鸞聖人は法蔵菩薩の物語を読んだのです。

親鸞聖人の読み方に従えば、仏道というものに対する考え方が、ここで大きく転換していることに気づきます。

ふつうに考えると、「仏教とは、凡夫である私たちがいかにして仏に成るか」という道を教えるもののように思われます。

ところが、浄土の教えの要《かなめ》は、「凡夫が頑張って仏に成りましょう」と言っているのではなく、「私たちはもともと仏のはたらきの中にいる」ということです。

私たちは、それを知らないから苦しんでいるのです。そういう私たちのために、「目覚めなさい」と呼びかけるはたらきが、仏なのです。

私たちは、常に自分という殻の中に閉じこもって、「私が生きている、私が生きている」と思い込んで生きています。自分というものを自分が所有して、手を挙げようと思えば挙がる、下げようと思えば下がる、というように、自分が自分を握りしめ、動かして生きていると思い込んでいます。

これに対して、釈尊のさとりというのは、全く新しい視点から自分を見る体験を得ることです。「私が生きている」という思いの底にあるものを、仏教では「我《が》」といいます。

昨日も我、今日も我、明日も我、その我という変わらないものが自分を所有して、自分の意志でこの人生を切り開いて生きてきたのだと、そのように感じて生きているのが私たちではないでしょうか。

それに対して、

「あなたが握りしめている『我』というのは有るのですか？　それはあなたが勝手に作り出したものでしょう？　無量の因縁によってたまわったもの、その因縁の集合体を『我』と勘違いしているにすぎないのではありませんか？」

と釈尊は説いているのです。自分が造りだした妄念を自分だと思い込み、自分の思いを満たそう満たそうとして人生を生きている。それが迷っているということです。

迷いというものは、自分が生み出したものなのです。

我に対する執着や、とらわれ、その我執によって私たちは苦悩しています。

ところが、全世界、全宇宙にあるすべてのものは、最初からあらゆるものがお互いに因となり縁となって、支え合いながら動いているのです。

◉——法の活動としての如来

経典はこれを「法蔵菩薩が阿弥陀仏に成った」という物語として説いていますが、実は釈尊のさとりの中身である「法」の活動する姿を、人格的に表現しているのだと解釈することができるでしょう。

法とは、真理のことです。

この世界はそのようになっているという真実のことです。

釈尊のさとりの眼から見れば、この世に存在しているあらゆるものには、本来価値の上下はないのです。すべてのものは因縁のつながりの中に一つになっているのであって、これを「如」といいます。「そのようになっている」という意味です。

私たちは、この世には役に立つものと役に立たないものがあって、役に立つものは欲しいけれども役に立たないものはいらないと、そういう価値観で生きています。

その「我」というものにとらわれて苦しんでいるものに対して、「如」というところからはたらきが出てくるのです。

「あなたが握りしめている我というのは、あなたが勝手につくったものです。縁あってたまわったものの中に抱かれていながら、そのことに気がついていないのです。その無知があなたの苦悩を生み出す根源にあるのです。そのことに気づきなさい。目覚めなさい」

如から来るはたらきが現れる、それを如来というのです。

「法蔵菩薩が願を建てて阿弥陀仏に成ったらしいけど、本当だろうか？　お経にそう書いてあるから、そうなのかな？　信じてみようかな？　よし、信じることにしよう！」

そんなものではありません。今まで見ていた世界は、自分の都合で見ていた世界であって、仏の眼から見たら全宇宙が一つの大きなつながりの中にあります。

親鸞聖人は、これを「一如宝海」「一つのごとくに融けあった宝の海」と言っています。

真実を知らない私たちのために、如は常に姿を変えて私たちの前に現れます。「活動」という形で現れるのです、それを知らないものに対して、いつもその真実を現そうと動くということが大切なところなのです。

それが法蔵であり、阿弥陀です。『無量寿経』に説かれた法蔵菩薩の物語は、その真如の活動するさまを伝えようとしていたのでした。

その法の活動に触れた人は、ものの見方が大きく転換することになります。今までは私が生きていると思い込んでいた人生が、何か大きなものに包まれていると感じるようになるでしょう。「抱かれて生きているという歓びに出会う」と言い換えることができるかもしれません。そのときに、親鸞聖人は『摂取不捨《せっしゅふしゃ》』（抱きとって捨てない）というはたらきの中に摂められる」と述べています。

それを「信心」というのです。

「私は私」「あなたはあなた」というように、自と他が対立している世界しか見えていなかった私たちが、「私もあなたも何か大きなはたらきの中にいる」「つながり合って生きている」と考えるようになると、自分の幸せしか考えていなかった自分というものが、非常に恥ずかしくなってきます。

それは、「自分がつくったものによって、自分自身が苦しんでいるにすぎない」と分かります。すると、そこから他者に対する「共感」というものが起こるのです。それを親鸞聖人は、「信心の利益《りやく》」と述べています。

◉——信心の利益

「現世利益《げんぜりやく》」というと、「お金が儲かる」とか、「病気が治る」とか、そういう話になりがちですが、親鸞聖人のいう利益とは、「ものの見方が転換したときに現れいでる歓び」という意味です。今までは、「自分が生きている」という思いで生きてきた私たちが、何か自分を包んでいる大きな世界に摂取されていると感じる。

そのことを、親鸞聖人は門弟に宛てた手紙の中で次のように述べています。

「真実信心の行人《ぎょうにん》は、摂取不捨のゆゑに正定聚《しょうじょうじゅ》の位に住す。このゆゑに臨終まつことなし、来迎《らいごう》たのむことなし。信心の定まるとき、往生また定まるなり」(『御消息』)

如来のはたらきの中に抱かれているということがわかった人は、摂取不捨ですから、すでに如来のはたらきに包まれており、それを「正定聚」といいます。

ですから、「命が終わるときに阿弥陀仏に迎えに来てほしい」などと願う必要はないのです。「死ぬときに迎えに来てもらうのではなく、もはや仏のはたらきの中にいる」ということなのです。

これは、平安時代に流行した来迎信仰を、明確に否定した言葉です。

多くの人は、自分の命が終わろうとするときに、地獄から鬼が火の車を引いて迎えに来たら困ると思います。ですから、紫の雲の上に乗った阿弥陀仏に、多くの菩薩を引き連れて迎えに来てほしいのです。

そのような思いから、平安時代には、病人の枕元に枕屏風といって風よけの衝立《ついたて》を置き、そこに山の向こうから迎えに来る阿弥陀仏の姿を描いて、仏の指から五色の糸を垂らし、それを握りしめて「南無阿弥陀仏、南無阿弥陀仏」と唱えながら浄土に生まれようとする、そんなことが流行しました。

それに対して親鸞聖人は、「そうではない。如来のはたらきの中に包まれていながら、それを知らないだけだ」というのです。「そのことに気づきなさい」というはたらきを受けたら、「ああそうだった！　如来に包まれていながら、何の心配が必要だったのだろう？　何も心配はいらないのだ！」

摂取不捨ということに気がついた人には、歓びが湧いてきます。

死んでからどうなるという話ではありません。現生《げんしょう》なのです。「今、ここで」ということです。今ここで喜びの世界が出現するのです。その喜びを「心多歓喜《しんたかんぎ》の益」といいます。心に多くの歓びが現れると、「知恩報徳《ちおんほうとく》」、つまり、「おかげさまで」という気持ちになります。

「真実の世界に目覚めなさい」というはたらきがすでに届いていると感じられた人は、「おかげさまで」という世界に導かれるはずです。

如来の願いはすでに成し遂げられています。それが私たちの中に届き、それに揺り動かされて、今幸いにも仏法を聞く身となった、「おかげさまで」という気持ちが湧いてきます。

そうすると、じっとしてはいられなくなります。

「私一人の歓びではもったいない！　その喜びを一人でも多くに人に伝えて、共に如来の慈悲の心を分かち合いたい！」

という利他の行動が出てくるでしょう。

これを「常行大悲《じょうぎょうだいひ》の益」といいます。

「常に大悲を行ずる」

それが信心を得た人の歓びの姿として出てくるのだ、ということが示されているのです。

そのようになった人、必ず仏と成ることが決定した人を、菩薩道の階梯では、四十一段目の正定聚、「不退転の位に入った人」というのです。

もちろん、信心を得たといっても、それは「仏に成った」ということではありません。

如来のはたらきの中にいることを歓びながらも、我にとらわれる心が消え去ったわけではなく、むしろ自分のあさましい姿が、いよいよ明らかに見えてくるかもしれません。

けれども、闇が闇だと分かったのは、光が届いたからです。

命ある限り、仏に成ったとはいえませんが、必ず仏と成るべき身であることを歓び、この命が終わるときに、仏と成るのです。そう考えると、実は四十一段目どころではありません。「補処の弥勒と等しい」といってもいいことになります。

「正定聚」は四十一段目で、「等覚の補処の弥勒」は五十一段目です。仏に成る一歩手前の、菩薩の最高位を「補処の弥勒」といいました。

「真実信心」を得た人は、この命が終わるときには必ず仏に成るのですから、「等覚の弥勒菩薩に等しい」といってもいいのです。

真実信心うるゆゑに
すなはち定聚にいりぬれば
補処の弥勒におなじくて
無上覚をさとるなり

（『正像末和讃』）

こうして、やがて必ず仏のさとりをさとるべき身と成らせていただいた人は、命が終われば、仏の国へ往生することになります。

ところが、仏の国へ行っても、極楽浄土の蓮の花の上で昼寝ができるわけではありません。極楽へ行ったら忙しいのです。

ある日の事でございます。御釈迦様《おしゃかさま》は極楽の蓮池《はすいけ》のふちを、独りでぶらぶら御歩きになっていらっしゃいました。池の中に咲いている蓮《はす》の花は、みんな玉のようにまっ白で、そのまん中にある金色《きんいろ》の蕊《ずい》からは、何とも云えない好《よ》い匂《におい》が、絶間《たえま》なくあたりへ溢《あふ》れて居ります。極楽は丁度朝なのでございましょう。

芥川龍之介の名作に『蜘蛛の糸』という作品がありますが、私はこの出だしの所だけはどうも気になるのです。

「ある朝、極楽の蓮池の周りを、お釈迦さまが散歩をなさっていたら……」とあるのですが、お釈迦さまは散歩などなさいません。全宇宙の一切衆生を救うために、駆け回ってはたらいておられるのが仏さまです。

立派な小説ですが、あそこだけはどうも感心しません。

さとりを得て仏と成った人は、その仏の世界にじっとしていないのです。

「還相《げんそう》の利益」といい、「すべての人々を救いたい」という活動に参加することになります。

「願作仏心・度衆生心」。

「自利利他円満のはたらきは、みんな仏さまからいただくのだよ」というのが親鸞聖人の受け止めた浄土の教えなのです。

「私たち凡夫が、がんばって菩薩になって、段々階段を上がって、やっとゴールにたどり着く……」というような仏教理解に対して、「すでに私たちを仏にしたいと願って、願を建てて仏と成って、その救いのはたらきをしている如来に出会う」ということこそ、「私たちが自利利他円満の仏道を歩む身となる道である」ということなのです。

言い換えれば、「自利利他の完成」「願作仏心・度衆生心の成就」は、如来の利他のはたらきとして届けられると受け止められます。

このとき、菩薩たり得ない愚かな凡夫が、必ず仏と成るべき正定聚の菩薩とならしめられ、万人の成仏という大乗仏教の理想が完成するのです。

それ故に、親鸞聖人は、

浄土真宗は大乗のなかの至極なり。（『御消息』）

といわれたのでした。

Buddhism
and
Compassion

［オムニバス仏教講座］
仏教と慈しみ

V

現代日本における〈利他〉

エンゲイジド・ブッディズムの可能性を考える

Hino Eun
日野慧運

〈利他〉の変遷

本章では、現代日本における「利他」について考えていきます。

利他については、他の章でもさまざまな説明がされていると思いますが、まず簡単にその定義を確認しておきましょう。辞書によれば次の通りです。

> 自利は文字通り自己の利益のために行動することで、仏教的には、苦界をのがれて悟りを享受するという利益のために、菩提心を発し、出家の身となって修行することを意味する。また、利他とは、他者の利益と安楽のために行動することで、慈悲の実践を意味する。
>
> （……中略……）
>
> 利他の精神は、釈尊の最初説法を起点とする衆生救済に始まるが、大乗仏教徒は、この精神を、釈尊の前生における行為にまでさかのぼって理解し、前生の身すなわち菩薩の身であったときに多くの利他行を積んだがゆえに釈尊は今生で成仏できたのであると受け止めた。そして、

このような思想からなる釈尊の前生話（ジャータカ）をもとに、自らも釈尊にならって、菩薩として行動すれば、釈尊のように慈悲の完成者と成れるとしたのである。*1

注目したいポイントは、「利他には悟りなどの宗教的な利益に他者を導くタイプのもの」と、「世間一般的な意味での利益を他者に与えるタイプのもの」があること、そして、「大乗仏教の修行者に重要視され実践された」という点です。

■部派の「利他」

これらの点に注目しながら、利他の意味の歴史的な変遷を振り返ってみましょう。

「利他は大乗仏教で重視された」と辞書にありましたが、利他という言葉自体は、大乗以前の伝統的な教義を保持する部派《ぶは》仏教でも用いられています。

その例として、五世紀頃の部派仏教に属する代表的な文献『倶舎論』の冒頭部分を見てみましょう。引用文はサンスクリット（古代インド語）を翻訳したもので、偈文（詩の形の文章）と、その解説文からなっています。

《偈文《げもん》》
（…）輪廻《りんね》の泥から人々を抜き出しなされたかのまことの師〔仏陀《ぶつだ》〕に敬礼して（…）

《解説》

（…）利他の行（parahita-pratipatti）の完全なることをもって、「輪廻の泥から抜き出したもう」と〔いうの〕である。（…）こ〔の「まことの師」という語〕によってか〔の世尊〕の利他の行が明らかにされる。すなわち、〔まことの〕師であるか〔の世尊〕は如実に〔教えを〕説くことによって輪廻の泥より人々を抜き出すのであって、神通〔力〕や恵みを垂れる力によってではない。このように自〔利〕利他の行（ātma-parahita-pratipatti）を完全に具《そな》えたか〔の仏陀〕に「敬礼して」とは*2（…）

これを見ると、当時の部派仏教でも、自利・利他という言葉が使われていたことがわかります。ただし、ここでいう利他とは、「輪廻の泥より人々を抜き出す」、すなわち「解脱させて涅槃の境地に至らせる」という、「宗教的な利益へと導くこと」のみを指します。そして利他を完遂できるのは、ブッダである「世尊」、すなわち「釈尊のみ」と考えられています。

部派仏教がこうした理解を保持したのに対して、紀元前後に新しく興った大乗仏教では、「修行者たち自らが利他の行いを実践すべきだ」と考えました。

『私はこれらのすべての有情を捨ててはならない。私はこれらすべての有情を無量の苦しみの集まりから解き放たねばならない。また、私は百回まで切りきざまれても、彼らに対して悪心をいだいてはならない』と。実に菩薩大士はこのような心を生じなければならないのです[*3]。

「菩薩大士＝大乗仏教徒たち」は、「すべての有情を苦しみから解き放つ」という宗教的な意味での利他を「行おうとする心を生じなければならない」「たとえブッダのように完遂できなくても、努力し続けなければならない」と考えたのです。

■ジャータカの「利他」

こうした考え方は、「ジャータカ（前生話、本生譚《ほんじょうたん》）をもとにしている」と辞書でも説明していました。

大乗の修行者たちは、「前生の釈尊＝菩薩」にならって、自らも菩薩と名乗りました。いずれ悟りを開きブッダとなって、利他の行いを完成することを目指したのです。

ところで、ジャータカの中で語られる前生の釈尊は、しばしば他者に対して布施《ふせ》を行っています。例えば、釈尊が前生でうさぎだったときに、修行者に食べ物を施すために、自ら焼き肉になろうとした話[*4]は有名です。また、前生でヴェッサンタラという王子だったときに、施しが過ぎて国を追放され、最愛の妻と二人の子どもまで人に与えてしまうという話[*5]もあります。

前生の釈尊は、当然まだ悟っていないので、他者を解脱や涅槃に導くことはできません。しかし、食べ物や財産を他者に施し、功徳《くどく》を積み、輪廻を繰り返すうちに、釈尊として誕生する生へと近づいてゆくのです。

初期仏教以来、布施は在家の信者にとって重要な徳目でした。在家の信者は、出家者のように今生で解脱・涅槃を目指すことができない代わりに、布施によって功徳を積み、よりよい来世を願ったのです。ジャータカの布施物語は現在も、スリランカ、タイなどの南伝仏教、および中国、日本などの北伝仏教の両方で親しまれています。伝統的な仏教を保持する南伝仏教では、ジャータカはこのような布施の考え方の、模範例として捉えられているようです。

ところが大乗仏教の菩薩大士たちは、自らを前生の釈尊になぞらえて、布施をブッダになるための修行の一つと考えました。例えば、北伝仏教で有名な前生話に「捨身飼虎《しゃしんしこ》」があります。前生の釈尊がマハーサットヴァ（摩訶薩埵、大士）という王子だったとき、森の中で飢えた虎の母子を見かけ、哀れんで自らを虎たちに食べさせる、という物語です。マハーサットヴァは自らの肉体を布施するにあたって、ブッダになるという目的をはっきり意識しています。

マハー＝サットヴァ王子はそこから引き返して、牝虎の巣のところに行き、森の蔓草に衣服をかけて、誓願を立てた。

『余は世の幸福のために、比類のない、吉祥な「さとり」を達成したい。

他の人々は捨てがたい自己の肉体を、わたしは動ずることなく、憐れみの心から与える。

佛の子らが称賛する、息災にして無病な「さとり」を得たい。

わたしは人間存在の大海と恐怖から逃れて、三界を超越したい。』と。
そして、マハー＝サットヴァ王子は牝虎の前に倒れた。*6

大乗仏教では、前生の布施物語も意味付けが変わり、食べ物や財産といった世間的な利益を他者に与えることも、「ブッダになるために重要な利他の行為」と捉えられるようになっていたことがわかります。

■大乗の「利他」

布施は、大乗仏教の教理の中で非常に重視されました。大乗仏教の代表的な徳目とされる六波羅蜜（布施・忍耐・戒・精進・禅定・知恵の完成）の筆頭は、布施波羅蜜（布施の完成）です。*7
これについて『金剛般若経』とその注釈には次のようにあります。

（…）菩薩は事物に執着しながら布施をすべきではない。何かに執着しながら布施をすべきではない。（…）

《注釈》
布施とは六つの完全性（波羅蜜）を代表する。〔すなわち、布施は三種に分類され〕財物と、おそれなきと、教えと〔の三種の布施であるが、このこと〕から、一つ〔すなわち財物の布施が布施波羅蜜〕

であり、二つ〔すなわちおそれなきの布施が戒と忍耐の波羅蜜〕であり、三つ〔すなわち教えの布施が精進と禅定と知恵の波羅蜜〕である。それは執着なき実践の道である。

〔執着なき実践とは〕自分自身に対しても、返礼されることについても、また〔善の行為の〕結果に関しても、執着のないことである。それは〔自分への執着から布施を〕行わなかったり、〔返礼を期待して、あるいは布施の結果に執着して、悟りへの道とは〕別の目的をもって〔布施を〕行ったりする――この両者がされていることである。*8

布施を「財施」（財物を施すこと）、「無畏施」（おそれないことを施すこと）、「法施」（教えを施すこと）の三種に分類しています。財施・無畏施が世間的な利他に、法施が宗教的な利他に対応しているのがわかります。『金剛般若経』の注釈は、これらの布施を完全にできるということが、すなわち六波羅蜜の完成だというのです。

身近な実例を引いてみましょう。例えば、出家の僧侶が仏法を説き、在家の信者がいわゆる「お布施」をした場合、僧侶は法施を施し、在家は財施を施したことになります。しかし厳密に言えば、僧侶が智慧を完成したブッダでなければ、完全な法施はできないはずですし、逆に、在家信者がそこで聞いた話を少しでも誰かに伝えたなら、その在家信者もまた法施を施したことになります。たとえ不完全でもわずかでも、それらは大いに推奨されるのです。

布施は、大乗の修行の入り口であると同時にすべての代表であり、結果の大小に執着せず、悟りを目指して実践し続けるべきものとされたのです。

■浄土教の「利他」

ただし、大乗仏教の中では、「現世で修行が完成できない人でも、ブッダの救済にすがってその浄土に生まれ変われば、そこで悟りが開ける」と説く浄土経典も編纂されました。

そして後代、とくに東アジアにおいて末法《まっぽう》思想（仏教が衰えて悟りが不可能な時代になったと見る終末観）が広がると、この浄土経典を中心に、阿弥陀仏の極楽浄土への往生を願う「浄土教」が隆盛をみます。

中国の曇鸞（四七六―五四二）は、「修行者が自利利他成就すれば悟りを得る」とされていた「利他」の意味を読み替えて、「修行者が他を利するのでなく、阿弥陀仏が他を利するのであり、その救済はすでに成就（完成）されている」と解釈しました。[*9]

これを承けた日本の親鸞（一一七三―一二六二）は、

自利利他円満して　帰命方便巧荘厳《きみょうほうべんぎょうしょうごん》
こころもことばもたえたれば　不可思議尊《ふかしぎそん》を帰命せよ[*10]

という歌を残しています。ここで「自利利他円満」といわれるのは、「不可思議尊」、すなわち阿弥陀仏のことです。

この考え方においては、現世の衆生は自力によっては自利も利他も完遂しえず、ただ阿弥陀仏の利他の力（他力）を信じてすがるほかありません。衆生は他力によって極楽浄土に往生してはじめて、「還相《げんそう》の菩薩」となって利他行をなし、また涅槃を獲得する、と考えられました。

仏教の社会貢献

■日本古代から中近世まで

さて、次に日本社会における仏教の利他行について見ていきましょう。話が十三世紀まで進んでしまいましたが、少し戻って、古代の日本に目を向けてみます。

日本には六世紀に仏教が公式に伝来し、以降仏教は国家の管理の下に広まっていきます。日本仏教初期の著名な人物に、聖徳太子がいます。彼は自ら四天王寺を建立し（五九三年）、敬田院《きょうでん》（寺院そのもの）、悲田院《ひでん》（身寄りのない病者や老人などのための社会福祉施設）、施薬院《せやく》・療病院《りょうびょう》（薬局・病院）という四院を設けたといいます。

これは、聖徳太子による在家の菩薩としての、利他の精神の表れと考えられています。しかし同時に、自ら政治を担う皇族が設置したという点では、政治的な社会福祉事業と見ることもできます。

このように、国家と結びついた仏教は、政治の社会福祉的な役割を担うという側面を持っていました。

一方、個人の仏教者による社会事業も、多く知られています。行基（六六八—七四九）による地方改良事業や、布施屋（無料宿泊所）の設置、空海（七七四—八三五）による池川工事、叡尊（一二〇一—九〇）・忍性（一二一七—一三〇三）による感化事業、ハンセン病患者への療病事業などは、いずれも日本史の教科書などでも取り上げられているようです。

仏教者による社会事業は「仏教の本来の立場から見て当然すぎることである」という評価もあります。

「自利利他円満とか、上求菩提下化衆生《じょうぐぼだいげけしゅじょう》ということは言い古されたことであるし、シャーキャムニ自身の生活や、その後継者たちの業績を見てもはっきりあらわされている。（…）高遠な理想と同時に民衆への無限の慈愛が意識され、行動として実現されることになるのはむしろ当然といわなければならない。」

一方でこの論者は、平安末から鎌倉期の、「たとえば法然、親鸞、日蓮たちのような新興宗派の僧侶たち」を、「だいたい主観的観念的遊戯にふけっていただけで、実質的には何ら民衆の生活を助けることなく、むしろ信者の仕送りによって生活を支えられていた」と峻別《しゅんべつ》しています。

「しかもこの念仏と題目の二つは、その後の日本仏教の中で大きな比重を持ち、日本仏教の動向を決定する上できわめて重大なものとなったのである。*11」

この評価がすべて妥当かどうかは疑問ですが、[*12] その後、江戸幕府の下で寺請《てらうけ》制度が確立して以降は、寺院と檀信徒の関係、いわゆる寺檀《じだん》関係が固定的なものになりました。これ以降は確かに、僧侶たちは「民衆の生活を助けることがなくても、信者の仕送りによって生活を支えられるようになった」と言えるでしょう。

もっともこれは、見方を変えれば、僧侶が不特定の「民衆」ではなく、「特定の信者を相手に、法施と財施をやりとりする関係を結んだ」ということでもあります。前述の利他の意味からして、間違っているわけではありません。しかしこれ以降、現在に至るまで、寺檀の間での法施と財施のやりとりは、いわば当たり前の関係になってしまい、とくに「利他行」だと意識されることはないようです。

■近現代の仏教者による「利他行」

明治以降、寺請制度が撤廃されたあとも、寺檀関係は慣習的に残りました。こうした中では、寺檀関係を超えたところで展開される社会活動が、「利他行」として注目されることになります。

その実践者として近年再評価された一人に、高木顕明《けんみょう》がいます。高木は一八六四年生まれ、浄土真宗大谷派僧侶。日露戦争当時に非戦を唱え、被差別部落の解放を主張しました。社会主義に共鳴して幸徳事件（一九一〇年）に連座し、獄死しています。宗門は判決日付で「擯斥《ひんせき》」しましたが、一九九六年に取り消し、名誉回復しました。ちなみに、幸徳事件の犠牲者としてはキリスト教者が有名ですが、仏教者も連座しており、高木のほか曹洞宗の内山愚堂、臨済宗の峯尾節堂らが名を連ねています。

高木は伝統的な教義から、次のように非戦、差別撤廃の主張を導出しています。

> 諸君よ、願くは我等と共に此の南無阿弥陀仏を唱え給い、今且《しば》らく戦勝を弄《もてあそ》び万歳を叫ぶ事を止めよ。何となれば此の南無阿弥陀仏は平等に救済し給う声なればなり。
> 諸君よ（同）唱え給い、貴族的根性を去りて平民を軽蔑することを止めよ。何となれば此の南無阿弥陀仏は平民に同情の声なればなり。
> 諸君よ（同）唱え給い、生存競争の念を離れて共同生活のために奮励せよ。何となればこの南無阿弥陀仏を唱える人は極楽の人々なればなり。*13

さらに近年の人物でいえば、反原爆・反原発活動家の、中嶌哲演《なかじまてつえん》氏が挙げられるでしょう。中嶌氏は一九四二年福井県小浜市生まれ、真言宗僧侶。彼は次のように語っています。

> 原発に関わるようになったのは「原発は真言宗の教えに反している」ということが最初にあったのではな〔い〕（…）
> 弘法大師は、仏教は「自利」と「利他」に尽きると言われます。自分自身の生死の不安や恐

怖にのみこだわり、現世の一切を否定的に相対化するニヒリズムに落ち込んでいた私は、現実の地獄を体験された原爆被爆者との出会いと、その援護活動に関わったことによって、ようやく「利他」に関わり始め、それと「自利」との結合を探求する道に入ったと言えますね。[*14]（（）内筆者補）

伝統教団のもつ教義や寺檀関係を離れた地点で、外なる世界と向き合うところから、「利他」の道が始まった、というのです。

これに限らず、近年仏教者による社会的な「利他行」として取り上げられるものは、教団レベルではなく、個人レベルでの活動が目立つようです。例えば、路上生活者や自死念慮者への支援、[*15]NPOの主催やイベント開催などです。[*16]旧来の寺檀関係に安住したあり方は「葬式仏教」と批判され、そこから離れた社会活動が注目されがちです。[*17]

宗派や寺檀関係に縛られないあり方が、積極的に求められるケースもあります。

近年、臨床宗教師（チャプレン）の活動が日本でも広まりつつありますが、注目されるきっかけとなったのは東日本大震災でした。

震災の際には、伝統教団、新宗教を問わず、さまざまな宗教者がボランティア活動を行いました。彼らが力を発揮したのは、物理的な復旧作業より、むしろ災禍のショックや死別の悲痛に対する心のケアでした。しかしながら、例えば直後の火葬場に立ち会って読経した僧侶は、次々に運ばれてくるご遺体それぞれの宗旨を問うている暇はなかったといいます。避難所や仮設住宅、とくに病院を慰問する際には、僧衣で入ってゆくと嫌がられることもあります。「心のケアと称して勧誘される」という評判が立って、「宗教お断り」と掲示した避難所もありました。

こうした状況で、特定の宗義に偏らずに、フラットなスピリチュアル・ケアを行える存在として、チャプレンが求められるようになりました。二〇一一年夏に仙台で「心の相談所」が開設され、翌年東北大学に養成講座が開講、この頃に「臨床宗教師」という訳語も定着したようです。[*18]

■近現代の仏教教団による「利他行」

もっとも東日本大震災の際には、僧侶個人だけでなく、仏教教団の組織的な活動も、精力的に行われました。震災直後には、寺院を避難所としたり、寺檀や檀信徒同士のつながりを活かして互助的な活動が行われたりした例もありました。寺院の持つ地縁の核としての、また公共空間としての機能が図らずも発揮されたのです。

また、それぞれの教団は内部の寺院ネットワークを活かして、物資を届け、ボランティア団体を送り込んでいきました。教団内の互助的な動きはあまり報じられていませんが、全国組織という特性がうまく活かされたと言えます。

特筆すべき例として、曹洞宗の関係団体「シャンティ国際ボランティア会」（ＳＶＡ）は、直後に対応し、宗派を超えた活動を展開しました。ＳＶＡは、平時から海外の難民キャンプなどで活動し、阪神大震災での救援経験も持つ集団で、豊富なノウハウの蓄積が、迅速な対応を可能にしたと言えます。

また、新宗教も目覚ましい活躍を見せました。例えば、真如苑は、緊急避難場所の提供、物資支援を行ったほか、真如苑救援ボランティア「ＳｅｒＶ」を派遣しました。ＳｅｒＶも阪神大震災以来の活動実績がある団体で、そのノウハウを活かした活動は目を引きました。

立正佼成会も、救援物資の他、「善友隊」およびカウンセラーの派遣、医療支援、また教団施設への被災者受け入れを行いました。また、創価学会も、各地会館に被災者を受け入れた他、大規模な義捐金の拠出を行っています。[*19]

以上、仏教系教団の一部のみを取り上げましたが、当時はさまざまな宗教団体がこうした活動を行っていました。被災地にはいまなお仮設住宅に暮らす人々が大勢おり、いくつもの教団が継続的な支援を行っています。

さて、震災直後には、こうした救急的な活動が慌ただしく展開されてゆく裏で、この震災をどう受け止め、こうした活動をどう意義づけるのか、また今後どうあるべきか等々について、さまざまな議論が交わされていました。そうした中で、次のような意見がありました。

（…）そのような活動を支える仏教の理論的な探求ということになると、どうも弱いように思われます。例えば、（浄土）真宗では、他力の念仏ということを主張して、自力の行を否定しますが、その立場からこのようなボランティア的な活動を基礎づけることができるかというと、どうもそれがうまくいかないようです。他力念仏の立場で、苦しんでいる人たちへの実際の援助ができるかと言っても、なかなか難しいでしょう。それどころか、ボランティア活動などは自力の行であって、他力念仏に反する、などと言う方もいるようです。原理論から言えば、そういうことになるでしょう。同じことは禅にも言え、坐禅がすべてだと言っても、それでは解決のつかない問題もあります。(…)

逆に、実際に現場で被災者支援に力を尽くしておられる仏教者の方からは、理論など所詮無駄で、意味がないという声も聞かれます。目の前で苦しんでいる方に向かって、教理など無力であって、理屈を言うよりも黙って寄り添うことのほうが大事だ、ということもよく聞かされます。一応はなるほどと思われる意見です。

では、本当に理論がなくてよいのでしょうか。ある真宗の方からは、真宗には世俗的な問題に関する理論などないから、かえって自由な活動ができるのだ、とも言われました。もしそうだとすると、これは危険なことです。ボランティアをする自由もあるでしょうが、他方で戦争になれば積極的に戦争協力をしてもかまわない、ということになってしまうでしょう。なぜ戦争がいけなくて、被災地でのボランティアがよいのか、それは理論的に探求すべき問題です。[*20]

末木文美士氏による口頭発表の抜粋です。親鸞の教えを継ぐ浄土真宗が「他力の念仏」を主張して「自力の行を否定」する意味は、前章の説明の通りです。

発表の趣旨は、大乗仏教ならば利他行を理論で説明できるはずだし、すべきだという方向にあるのですが、むしろ貴重なのは、「なぜ戦争がいけなくて、被災地でのボランティアがよいのか」という疑問を明示している点です。

■「戦時教学」の足かせ

日清・日露戦争から太平洋戦争に至る軍国主義の時代、日本の仏教諸宗派は、戦争に協力するための新しい教理解釈を生み出しました。「戦時教学」とも呼ばれているものです。

例えば、「真言宗の僧侶たちは（…）やむをえず『不動明王の剣』を抜くのだといった主張をし始めた。仏教の不殺生の戒律については、怨敵を抑え鎮め『調伏』するためには、『生き物の命を取っても何ら差し支えない』として、殺人が正当化された」といいます。[*21]

また、臨済宗の禅僧・釈宗演は、「仏陀は確かに殺人を禁じられたが、すべての人間が無辺の慈悲心をもって互いに融合調和するようになるまでは自らも決して平和を楽しむことはない、といっておられる。だから、互いに己を主張し矛盾する状態にある場合には、調和をもたらす手段として戦争もまたやむをえないものだ」と述べたといいます。[*22]

浄土真宗大谷派の僧侶であり、時代に即した新教学を模索した暁烏《あけがらす》敏《はや》の思想には、そのもっとも顕著な例が見られます。以下に彼の思想の要約を引用します。

> 彼〔＝暁烏〕によれば、この世に現前している天皇は、生き神であるとともに、生き仏であった。現人神《あらひとがみ》即《そく》現人仏《あらひとぼとけ》であった。神の道と仏の道とが一体となって、人間界に顕現したのが天皇であり、皇室の血統を継ぎながら、世界の真理を体現した存在が、現在の天皇にほかならなかった。
>
> その天皇が統治する日本に対する不満を述べる者は、阿弥陀如来に対して不平を言うのと同じことである。あるいは、天皇の示す道（皇道）に背こうとする者は、神仏の心に背く者である。神道と仏道と皇道という三つの道を、等しいものと受け止め歩んでいくことこそ、日本の臣民としての正しいあり方なのである。
>
> そして、この臣民の道を歩む者は、天皇のために身も心も命も捧げるのが当然である。ゆえに、天皇に捧げるための魂を十分に養い、落ち着いて奉公する覚悟をしておく必要がある。そのためにも、真宗の教えを学び、そこに大いなる生命を認識し、その生命を安心して捧げていくのがよいのである。[*23]（〔〕内筆者補）

そもそも真宗には「真俗《しんぞく》二《に》諦《たい》」という、宗教的な真理と世俗的な義務の両者を重んじる宗風がありました。これを応用して、時局に即応した教義解釈がなされたのです。

(前略)皇国に生れ、名誉の戦死を遂げて名を海外に輝かせしことは実に喜ばねばならぬこと、されば遺族のやから、今生に於いてはいよいよ御国の為には身命を惜しまず報国尽忠の誠を抽《ぬき》んで、未来にとりてはおのれがはからいを捨て、ひとえに弥陀他力の本願にすがり奉り、生きては皇国の良民と言われ、死しては安養浄土の華のうてなに往生を遂げるよう……[*24]

こうした公式の言説に、暁烏などの独自思想が織り交ぜられることで、「戦時教学」が形成されていきました。

「戦時教学」も、ごく好意的に見れば、当時の社会に積極的に参画しようとした、教団の姿勢の表れと取ることもできます。あるいは、出征の不安や戦死の悲嘆があふれる時代に、それを慰撫しようと努めた僧侶たちの営みであったとも取れます。しかし結果的に見れば、戦争に加担し、戦死を讃美する言説を生んだわけです。

「敗戦からしばらくの間、日本の仏教界は、戦時下の諸活動について沈黙を守り、その過去を忘却するに任せていた」[*25]ようですが、諸研究がこれを明らかにし、指導者層の世代交代もあって、各宗派は後《おく》れ馳《ば》せに、戦争協力を反省し、「戦時教学」を撤回するなどしました。[*26]

このとき、「戦争協力の一部は、政府や軍部の圧力があり、やむをえない状況であったかもしれないが、少なくとも正依とする仏典や、祖師がたの言説を歪曲し拡大解釈したのは、明らかに誤りであった」という反省がなされました。この反省に立つと、教団は目の前にいかなる状況があろうとも、教義にはない活動を行ったり、教義の新解釈を行うことには、慎重にならざるをえないわけです。

末木氏の指摘は、この経緯を踏まえてみれば、至極まっとうなものです。そしてこの指摘は、伝統教団が時代に即した「利他行」に積極的になりづらい理由の一端を、明らかにしています。

◉――エンゲイジド・ブッディズムの可能性

戦後、仏教教団のいくつかは、戦争協力の反省と、平和の実現に向けた社会貢献を表明しています。しかし全体的には、寺檀関係に基盤を据え、伝統教義に忠実な活動を主としており、これは歴史的な経緯に鑑《かんが》みても故なきことではないと言えます。

一方、こうしたあり方を「葬式仏教」と揶揄する向きもあり、前述のように、社会貢献を積極的に行う寺院や僧侶が脚光を浴びるようになっています。こうした「利他行」を肯定するパワーワードとして近年多用されているのが、「エンゲイジド・ブッディズム」です。

■エンゲイジド・ブッディズムの源流

「エンゲイジド・ブッディズム」という言葉は、ベトナム人僧侶・ティク・ナット・ハン（Thích Nhất Hạnh、釈一行、一九二六―）が使い始め、一九六四年 *Engaged Buddhism* という書題で文字化されたもののようです。[*27]「エンゲイジド Engaged」は英語ですが、ナット・ハンはフランス語の「アンガージュマン Engagement」の、とくに当時実存主義の文脈で用いられた「社会参加」「政治参加」「かかわり」という意味で用いているようです。

また、ナット・ハンは同じ事柄を、「インタービーイング Interbeing」と表現し、ベトナム語の「ティエプ・ヒエン Tiếp Hiện」、漢語の「接現」の英訳だと述べています。華厳思想の「相即」にあたり、自己と世界が不可分につながっていることを意味するものです。[*28]

ナット・ハンはベトナム戦争時の南ベトナムで、米軍による横暴やゴ・ディン・ジェム政権の仏教弾圧、これに抗議する僧尼の焼身自殺を目の当たりにしています。その中でナット・ハンは、僧院を出て難民救助や政治的発言を行う、エンゲイジド・ブッディズムを開始したのです。

従来の仏教では、「苦」の原因はもっぱら個人の内面に巣くう無知や欲望と考えられた。しかし、ベトナムの仏教徒たちは、戦争という現実の苦しみの中で、「苦」の原因には社会が生み出したものもあるのではないか、と気づき始めた。そして、「苦」の原因となる社会の矛盾、社会構造の変革に積極的に立ち向かうことになった。[*29]

ベトナムというと東南アジアのイメージが強いようですが、実は中国仏教の影響が強く、ナット・ハンは臨済系の禅僧です。したがって、彼は日本仏教と共通の大乗思想に立って、こうした活動を行ったわけです。

なお、以降のエンゲイジド・ブッディズムについては、次のような評もあります。

(…)その後の歴史はその精神を正確に受け継いできたとはいえない。ハーン自身も、当初の「エンゲイジド・ブッディズム」という言葉を否定して、現在では「癒やしの教師」というイメージが強くなってしまっている。

だが、社会苦の原因を追求して、その変革のために行動する仏教は、東南アジアやインドなどで、かろうじて活動は続いている(…)ちなみに、日本の仏教界は、一部のきわめて少数の僧侶を除いて、こうした動きにはまったく無関心である。[*30]

しかし、エンゲイジド・ブッディズムが注目されたのはむしろ最近のことであり、調査研究によってその実践例の報告も集まりつつあります。

■エンゲイジド・ブッディズムの実例

「エンゲイジド・ブッディズム」という言葉が学術界で広く認知されたのは、C・クイーンとS・キングによる『エンゲイジド・ブッディズム』(一九九六年)[*31]という本が出版されてからのようです。

この本ではアジア各国のさまざまな仏教者の活動がエンゲイジド・ブッディズムの実例として

取り上げられており、「社会参加」「社会貢献」という特徴を定義づけたと言えます。
この本の中で取り上げられたのは、

＊B・R・アンベードカルの人権（不可触賤民解放）運動とその後継者団体TBMSG／FWBOによる「ネオ・ブッディズム」運動〔インド〕
＊A・T・アリヤラトネによる教育、保健、貧困対策などの「サルボダヤ」運動〔スリランカ〕
＊プッタターサ比丘のスアン・モック（解放の庭）、宗教間対話〔タイ〕
＊スラック・シワラックの社会改良運動〔タイ〕
＊ダライ・ラマ一四世とチベット解放運動〔チベット〕
＊ティク・ナット・ハンとティエプ・ヒエン教団〔ベトナム〕
＊創価学会の教育・文化活動、国際平和活動〔日本〕

などです。

日本のエンゲイジド・ブッディズムについては、ランジャナ・ムコパディヤーヤ[*32]が、
＊法音寺教団の福祉事業・福祉教育
＊立正佼成会の社会活動（世界宗教者平和会議、「一食を捧げる運動」「アフリカに毛布を送る会」など）

を取り上げました。これによりエンゲイジド・ブッディズムの日本語訳も「社会参加仏教」として、ある程度は定着したようです。この本の中では、日本仏教の戦争関与も、社会参加仏教として認めています（五一―五五頁）。

その他、よく紹介される例をあげますと、

＊「カンボジアのガンジー」ゴーサナンダ（一九二九―二〇〇七）による、カンボジア内戦の難民慰問、戦後の「ダンマヤトラ」（法の行進）、地雷除去運動など

＊台湾の印順法師（一九〇六―二〇〇五）の「入世仏教」「人間仏教」（エンゲイジド・ブッディズムの意訳）の提唱、その影響下にあるツーチー慈済教団の、国際人道支援、環境保護、骨髄バンク・臓器提供、地域ボランティア等々の実践

＊アメリカに拠点を置くＢＰＦ（Buddhist Peace Fellowship 仏教平和同盟）による、反戦、反核などのデモ行進、刑務所等の訪問、「エンゲイジド・ブッディスト」育成

＊ハワイ・モイリイリ本願寺から拡散した「プロジェクト・ダーナ」、独居老人訪問、看護・介護の代行や電話相談

＊日本の仏教系国際ボランティア団体「シャンティ国際ボランティア会」（曹洞宗）、「アジアの友を支援するＲＡＣＫ」（臨済宗系）、「ＢＡＣ仏教救援センター」（日蓮宗系）、「アーユス仏教

国際協力ネットワーク」(仏教諸宗派)など[*33]

などがあります。

このように通観すると、仏教者による社会改良事業、社会奉仕活動をエンゲイジド・ブッディズムと呼んでいることがわかります。

S・キングは、「エンゲイジド・ブッディズムは『仏教徒が、その属する宗派にかかわらず、他者の幸福を望み、仏教の実践の一環として、仏教の価値観と教えを社会の諸問題に、非暴力的な方法で適用しようとする意志によるもの』と定義され、まとめられる」と述べています。[*34]「非暴力」は、キング氏の独自の基準ですが、さらに、エンゲイジド・ブッディズムを、小乗、大乗、金剛乗(密教)に並ぶ、「地球乗」「グローバル乗」として位置づけようという提言もあるそうです。[*35]

日本仏教界でこの範疇に入るものは、「新宗教の活動」「伝統教団でのNPOなどの新しい取り組み」「(前章で取り上げた)個人レベルでの活動」などになるようです。

■日本におけるエンゲイジド・ブッディズムの可能性

エンゲイジド・ブッディズムは、『社会参加仏教』(ムコパディヤーヤ)の他にも、『社会をつくる仏教』(阿満利麿)、『行動する仏教』(阿満、上田紀行)、『社会行動仏教』(西川潤ほか)、『闘う仏教』(丸山照雄）などさまざまな日本語訳が試みられています。それぞれの訳語に、期待される「エンゲイジド・ブッディスト」のイメージが込められているわけです。

そしてエンゲイジド・ブッディズムを紹介する記事の多くは、これを称賛する一方で、日本の伝統仏教に対して、「寺檀関係に安住し『葬式仏教化』している」と批判的です。

仏教界が現状のままで、「葬式は、要らない」[*36]と世間が考えるようになれば、「寺院消滅」[*37]という未来が待っている」という危機感もあります。だからこそ仏教界には、「変われ！」「がんばれ！」[*38]という論調が多いのかもしれません。日本の伝統仏教は、エンゲイジド・ブッディズムへと舵《かじ》を切り、新しい理論を構築してゆくべきなのでしょうか。

ここで、「当初の『エンゲイジド・ブッディズム』という言葉を否定して、現在では『癒やしの教師』というイメージが強くなってしまっている」とされたナット・ハンの、近年の発言を見てみたいと思います。

仏教はすでに社会参加（エンゲイジド）です。もしそうではないならば、それは仏教ではない。[*39]

エンゲイジド・ブッディズムは単なる仏教にすぎません。もしあなたが家族の中で、社会の中で、仏教を実践するのであれば、それが参加する（エンゲイジド）仏教なのです。[*40]

ナット・ハンは、戦時下の南ベトナムで、被災者や避難民を目の当たりにしたからこそ、町中に出て救助や保護を行いました。また、海外に出て反戦活動を行い、沈黙を守る仏教教団には、異を唱えました。[*41]

しかし近年のナット・ハンは、エンゲイジド・ブッディズムの特別視を嫌い、「目の前の人々や、社会に関わってゆくのが仏教の本来的な姿だ」と強調しています。現在彼は、南仏に瞑想センターを開き、「マインドフルネス」の指導を活動の中心としていますが、欧米人を対象にしたこうした活動も、彼にとってはエンゲイジド・ブッディズムに変わりないということなのでしょう。

■「社会」としての寺檀関係

日本の仏教を見れば、日本の僧侶はよくも悪くも、寺檀関係によって、「俗世と分かち難い関係」を保ってきました。さらに明治五年（一八七二）の、いわゆる「肉食妻帯勝手たるべし」の太政官布告よりのち、いまやほとんどの宗派の僧侶が、俗人と変わらない生活を送っています。

多くの僧侶たちは寺院の中で生まれ、普通教育を受けて育ち、結婚し、次世代の僧侶を育てていきます。成人後に在家から出家した僧侶は、実は少数派なのです。「僧侶が浮世離れしている」というイメージは残っているかもしれませんが、事実として、日本仏教の僧侶は、はじめから社会に属している存在なのです。

こうした僧侶たちに、「仏教の価値観と教えを、社会の問題に適用させようとする意志があるか？」と聞けば、どう答えるでしょうか。

おそらく、この場合の「社会」が、「寺檀関係の外の社会」として捉えられる限り、否定的な答えが多数を占めるのではないかと思います。

では、この「社会」を、「自らの寺の檀信徒を含むもの」とすればどうでしょう。社会の一員である自分の檀信徒が問題を抱えたときに、「仏教者なりの関わり方を考えることができるか？」と聞けば、答えは変わってくるのではないでしょうか。

この問題と関与の例として、死別の悲嘆と葬儀があげられます。葬儀は、寺檀関係が希薄化したとされる現代でも、僧侶が広く執り行っているものです。その一方で、「不要な旧弊」と考えられたり、逆に、「民間企業のビジネス」として効率化されたりと、問題が取り沙汰されることも多いものです。

しかしその根源的な意義は、「死別の悲嘆に寄り添う」というところにあるはずです。

東日本大震災で被災した僧侶の言葉をご紹介しましょう。

この僧侶が住職を務める寺は、津波で全壊し、檀家一五一人が犠牲になりました。遺体安置所や、避難所で泣き崩れる遺族を前にしてとった行動について、僧侶は次のように述懐しています。

（前略）人間ていうのは究極的に、本当の土壇場では祈るしかない。祈りしかない。祈ることで、安堵が生まれるというか、救いが生まれる。せめてものことをしてあげたい、そんな気持ちが遺族にはまちがいなくある。

もちろん、私も押しつけるつもりでお経を読んだわけじゃないし、お経の功徳など言いたいわけではありません。やはり一番は、そこで悲嘆に暮れる人がいて、そこに私が和尚として、そばに寄り添うということにある。人間、一番の究極は祈ることなんだなと、その場に立たされたとき、これが究極の寄り添いなんだと、つよく感じましたね。*42


極限的な状況だからこそ、「悲嘆への寄り添いの究極が見えた」。それは「祈ること」だったという証言は、震災の悲惨なイメージと重ねて読むとき、格別胸を打つものがあります。ですが、死別は震災がなくとも起こります。そして「葬式仏教」の僧侶たちは、その悲嘆に常日頃から関わっている存在であるはずです。普遍的な苦しみである死別の悲嘆に対して、寄り添うこと、「祈ること」を形式化したものが葬儀といえるでしょう。「社会」で生じる悲嘆に、真摯に仏教者として向き合い、寄り添い、「祈ること」に努めるならば、葬儀は本来の意義を取り戻すと言えましょう。

寺檀関係の内なる「社会」においても、あらゆる悲しみや苦しみが存在しえます。これに対して、仏教者として関与していこうとするならば、それは、「外なる社会の苦しみに仏教の教えを適用すること」と、意義に変わりはありません。

現代日本の僧侶たちは、あらかじめ寺檀関係という小さな「社会」に内包されています。その中での「利他行」は、対外的には目立たないかもしれません。しかし「社会」へのエンゲイジの有無を問うと、彼らはすでにその中にいると言えるのです。

■生まれながらに僧侶であることが…

寺檀関係に加えて、「お寺の子」が存在することも、日本仏教の特殊性としてあげることができるでしょう。

現代ではほとんどの宗派で僧侶が結婚し、実子が「寺を継ぐ」ことが認められています。これは他の仏教国との明白な相違点です。これについて、次のような指摘があります。

（前略）現代日本における出家制度の歴史的特異性は、「生まれながらに僧侶であることが求められ、あるいは定められたもの」たちが社会に存在する事実に凝縮されており、仏教の不変的理念との相克は、この生来の出家者たちがかかえる独自の苦悩として存在する。これまで問うことじたいが回避されてきたこの問いにこそ現代日本の出家の意義内容がある。

生まれながらに出家者たることが定められたものたちは、「自分はだれか」あるいはむしろ「だれになってゆくのか」というアイデンティティをめぐる課題をほとんど運命的ともいえる特異なかたちで背負わされている。これから形成されねばならぬ自己のアイデンティティが、自己と社会と、自己と仏教という、二つの価値の相克における亀裂として認識されねばならないの

である。（中略）
この二つの関係の亀裂に立ちながら、自己に対して「だれ」であるのか、「だれになってゆくのか」という問いをかかえることは、社会のなかで実践をとおして仏教を実現してゆくうえで、きわめて重要な意味をもつ。（後略）[*43]

出家の僧侶とは、社会の内から外に出た者のことです。元来社会の外に身を置く出家者は、社会の内にある在家者と厳密に区別されました。

大乗仏教は、出家者にも在家者にも、等しく悟りへの道を開きました。とはいえ今生で悟りを得る可能性は、やはり出家の僧侶に限定されており、在家者は福徳を積んで来世以降に望みを託すことになります。だからこそ、出家は法施を、在家は財施をという関係が保持されたわけです。ナット・ハンが禅堂を「出た」というのは、むしろ社会の外から内に再び入り込んでいったことを意味します。台湾の印順法師が「入世仏教」というのは、こうした意味においてのことです。

ところが、現代日本において「生まれながらに出家者たることが定められたものたち」は、歴史上重大な意味を持つ転換を、自らの一生のうちに体現することになります。社会の内にあるうちから、半ば「出家」のアイデンティティを持ち、「出家」となったのちも半ば社会の内にとどまり続ける生は、仏教史上においても、また他地域の仏教徒と比べても、特殊なものです。

こうした生にあっては、「家族の中で、社会の中で、仏教を実践する」ことは、改めて自覚されるまでもない課題であると同時に、何らの覚悟も持たぬうちに個々が突きつけられる難問でもあるのです。

彼らは社会の内にあって、他者のさまざまな悲嘆や苦悩に出会うことになるでしょう。それに関与しよう、寄り添おうという気持ちが起こるかもしれません。この時に、単に社会の一員としてでなく、仏教者としての自覚からそれを行おうとするとき、仏教の不変の理念、「価値観と教え」に照らして、個々の状況に即した行動を考え出してゆくことになるのだと思います。

これこそを、エンゲイジと呼んでよいのではないでしょうか。

■エンゲイジド・ブッディズムを理論づけること

近年では寺檀関係が希薄化し、寺院の維持も難しくなっていくと言われています。客観的に言えば、寺檀関係という小さな「社会」は解体しつつあり、そこに安住した生き方は難しくなってゆくでしょう。

しかし少なくともいまはまだ、日本には無数の小さな「社会」があり、その中に「利他行」を通じた「他」との出会いがあります。この小さな社会――社会資本（ソーシャルキャピタル）と呼び変えてもよいですが――の一つ一つで「利他行」が機能するなら、日本仏教の社会参加は実現すると言えるでしょう。

しかし、すると結局、日本仏教の社会参加は、僧侶個人や各寺院の活動に委ねられることになります。これを正当化する教義的な理論は、必要ないのでしょうか。

前述したように、社会の苦しみに対処するために新たな理論を構築することは、大きな危険が伴います。「戦時教学」にしても、最終的に極端な理論が構築された足下には、目の前の苦悩に対応しようとした僧侶たちの善意があったと想像されます。人は善意によって誤り、正義と信じて間違うものです。

大乗仏教に属する日本の各宗派にとって、「利他」を理論づけることは可能でしょうが、社会の価値観に応じて新たな理論を導出することには、努めて慎重であるべきでしょう。

むしろ必要なのは、歴史をしっかりと検証し、過ちを具体的に学ぶことです。

「戦時教学」を例にとれば、戦後の日本仏教は、平和主義を再確認し、戦争協力を反省しました。しかしながら、平安期から鎮護国家を担ってきた仏教が、太平洋戦争の戦勝祈願だけを、理論的に否定できるでしょうか？　王法と仏法を併せて拝してきた仏教が、大正昭和期の天皇崇拝だけを特別視するのは、難しいでしょう。だからといって、過去の戦争賛美を擁護できるかと言えば、まったくそうではありません。

理論が肯定されても、その具体的な解釈は、歴史によって誤りと断ぜられることはあります。自分たちが具体的に何をなし、何を繰り返してはならないのかを学習し、記憶し、語り継いでゆくことが重要です。希望に溢れる新解釈を構築するより、誤った解釈を新たなタブーとして、次世代に伝えることこそ、息の長い組織としての教団の務めであるはずです。

ところで、ナット・ハンや、同じくエンゲイジド・ブッディストとして名高いダライ・ラマ一四世の講話を見ますと、ほとんどが「相依相待の縁起」に基づいています。あらゆるものはつながっているという、大乗仏教の根本的な理論です。

彼らはこの基本理論をたよりに、戦争や貧困、災害といったさまざまな事態に関与しています。彼らが目指すのは、仏教の価値観によって個々人の認識に変革をもたらすこと、一人ひとりの目の前の現実を、それを知る以前と以後で違ったものに見せることです。そして、その個の数を増やしてゆくことが、地球規模の大規模な変革に結びつくと考えているようです。

これを参考に考えてみると、日本仏教はすでに、社会の内なる仏教者を多く持っており、彼らのそれぞれが呼びかけうる小さな「社会」を持っています。その小さな「社会」の中で、それぞれ固有の事情に応じた形で、苦を除き幸福をもたらすという「利他」、また認識の変革をもたらすという「利他」を行ってゆくことこそ、実効的であり実現可能なものです。この小単位を、「利他」のサークルを増やしてゆくことが、現代日本において社会にエンゲイジした「利他行」が実践されてゆく、現実的なありようであると思われます。

なお、ここで述べた「社会の内なる仏教者」と「小さな社会」は、もちろん僧侶と寺檀関係を意図しています。しかし、僧侶であろうがなかろうが、仏教者の自覚と正しい歴史認識をもつ者であれば、その人間関係の中でこの「利他」を実践しようとしたときに、同じ意義を持つはずです。

ナット・ハンはこう述べています。

「もしあなたが家族の中で、社会の中で、仏教を実践するのであれば、それがエンゲイジド・ブッディズムなのです」

◉注

＊1 『仏教・インド思想辞典』（春秋社、二〇一三年）「自利・利他」項（田中教照）。

＊2 P. Pradhan ed. *Abhidharmakośabhāṣyam of Vasubandhu* (Patna: K.P.Jayaswal Research Institute. 1975) p.1. 櫻部建『倶舎論の原典解明 界品・根品』（法蔵館、一九六九年）一三三―一三六頁。

＊3 梶山雄一訳『八千頌般若経Ⅰ』（大乗仏典2、中央公論社、一九七四年）四三頁。

＊4 中村元監修・松村恒・松田慎也訳『ジャータカ全集4』（春秋社、一九八八年）三一六話．干潟龍祥『本生経類の思想史的研究 附篇』（増補改訂、山喜房仏書林、一九七八年）一一六頁。

＊5 中村元監修・阿部慈恩・辛嶋精志・岡田行弘・岡田真美子訳『ジャータカ全集10』（春秋社、一九八八年）五四七話．干潟、前掲書、一〇四頁。

＊6 岩本裕訳「金光明経」『佛教聖典第四巻 大乗仏典（二）』（読売新聞社、一九七五年）二七一―二頁。J. Nobel ed. *Suvarṇabhāsottamasūtra* (Leipzig: Otto Harrassowitz, 1937) p. 201.『金光明経』大正蔵 No. 663 一六巻三五三下。参考、松村淳子 'The Vyāghrī-Jātaka Known to Sri Lankan Buddhists and its Relation to the Nothern Buddhist Versions'『印度学仏教学研究』五十八巻三号。

＊7 六波羅蜜のうちで布施・忍辱が重視されることは、竹村牧男『大乗仏教入門』（佼成出版社、二〇〇三年）一一六―一二四頁参照。

＊8 長尾雅人訳「金剛般若経」、『般若部経典』（大乗仏典1、中央公論社、一九七三年）一一頁。

＊9　曇鸞『無量寿経優婆提舎願生偈註』大正蔵No. 1819. 四〇巻八四三下。

＊10　親鸞『浄土和讃』第三七、『浄土真宗聖典―註釈版第二版―』（本願寺出版社、二〇〇四年）五六二頁。

＊11　渡辺照宏『日本の仏教』（岩波新書、一九五八年）四〇―六八頁。

＊12　この評価の位置付けは、島薗進『日本仏教の社会倫理　「正法」理念から考える』（岩波現代全書、二〇一三年）二五一―二五三頁参照。

＊13　高木顕明「余の社会主義」（一九〇四年）。なお高木のほか近代仏教者への社会活動面での再評価は、阿満《あま》利麿《としまろ》（『社会をつくる仏教　エンゲイジド・ブッディズム』人文書院、二〇〇三年、『行動する仏教』ちくま学芸文庫、二〇一一年など）が注力している。

＊14　『月刊同朋』二〇一七年三月、四二―三頁。

＊15　磯村健太郎『ルポ 仏教、貧困・自殺に挑む』（岩波書店、二〇一一年）。もっとも本書には浄土真宗本願寺派教学伝道研究センターなどの組織による活動も紹介されている。

＊16　上田紀行『がんばれ仏教！』（ＮＨＫブックス、二〇〇四年）。

＊17　上掲書のほかに、高橋卓志『寺よ、変われ』（岩波新書、二〇〇九年）、秋田光彦『葬式をしない寺』（新潮新書、二〇一一年）など。

＊18　稲葉圭信『利他主義と宗教』（弘文堂、二〇一一年）、宗教者災害支援連絡会編『災害支援ハンドブック 宗教者の実践とその協同』（春秋社、二〇一六年）、藤丸智雄『ボランティア僧侶』（同文舘出版、二〇一三年）、小林正弥監修・藤丸智雄編『本願寺白熱教室』（法蔵館、二〇一五年）、千葉望『共に在りて』（講談社、二〇一三年）、など。

＊19　稲葉、前掲書。

＊20　末木文美士『現代仏教論』（新潮新書、二〇一二年）六八―六九頁。

＊21　碧海寿広『入門近代仏教思想』ちくま新書、二五四頁。

＊22　阿満『行動する仏教』前掲、二二六頁。原文はレフ・トルストイによる英文記事での紹介、阿満の邦

訳による。その他、禅僧の発言については、B．ヴィクトリア『禅と戦争――禅仏教は戦争に協力したか』（A．ツジモト訳、光人社、二〇〇一年）。

＊23　碧海、前掲書、二五七―八頁。

＊24　日清戦争の戦没者遺族への御親教。菱木政春『浄土真宗の戦争責任』（岩波ブックレット、一九九三年）四五頁。

＊25　末木文美士・辻村志のぶ「戦争と仏教」『新アジア仏教14日本Ⅳ　近代国家と仏教』（佼成出版社、二〇一一年）二二五頁。

＊26　戦後すぐに全日本宗教者平和会議が懺悔と平和主義を表明したが、宗派による責任表明や公文書撤回などは遅く、一部にとどまる（参考、藤山みどり「宗教界の歴史認識――戦争責任表明とその後」二〇一五年六月一八日、宗教情報センター　ウェブサイト http://www.circam.jp/reports/02/detail/id=5631）。

＊27　大來尚順「親鸞とエンゲージド・ブディズム」、ケネス・タナカ編『智慧の潮　親鸞の智慧・主体性・社会性』（武蔵野大学出版、二〇一六年）三一六頁以下。なお *Engaged Buddhism* については筆者未見。

＊28　*Interbeing: Fourteen Guidelines for Engaged Buddhism* (3 Sub Ed.) Berkeley: Parallax, 1987.

＊29　阿満『社会をつくる仏教』前掲、一八頁。ベトナム戦争当時のナット・ハンの活動については、*Vietnam : lotus in a sea of fire*. Hill & Wang; 1st edition, 1967（邦訳、日野啓三訳『火の海の中の蓮華　ベトナムは告発する』読売新聞社、一九六八年）。

＊30　阿満『行動する仏教』前掲、一九二頁。

＊31　Queen, Christopher S. & King, Sallie B. *Engaged Buddhism: Buddhist Liberation Movements in Asia*. SUNY, 1996.

＊32　ランジャナ・ムコパディヤーヤ『日本の社会参加仏教』（東信堂、二〇〇五年）。

＊33　ムコパディヤーヤ「社会参加と仏教」『新アジア仏教史15　現代仏教の可能性』（佼成出版社、二〇一一年）、ケネス・タナカ「アメリカに渡った仏教」同書。

＊34 King, Sallie B. *Socially Engaged Buddhism*. University of Hawai'i Press, 2009. P.2.

＊35 阿部宏貴「社会参加仏教をめぐる議論」『現代密教』第二〇号（二〇〇九年）一六四頁。

＊36 島田裕巳『葬式は、要らない』（幻冬舎新書、二〇一〇年）。

＊37 鵜飼秀徳『寺院消滅　失われる「地方」と「宗教」』（日経ＢＰ社、二〇一五年）。

＊38 高橋『寺よ、変われ』前掲、上田『がんばれ仏教！』前掲。

＊39 ムコパディヤーヤ「社会参加と仏教」前掲、一四四頁より。出典はThich Nath Hanh, *Love in Action: Writings on Nonviolent Social Change*. Berkeley: Parallax Press, 1993. 邦訳『ラブ イン アクション——非暴力による社会変革』（滝久和訳、溪声社、一九九五年）。

＊40 阿部、前掲、一六三―四頁より．出典は、ＢＰＦニューズレター一九八九年夏号。

＊41 ナット・ハン『火の中の蓮華』前掲、一二頁。『禅への道——香しき椰子の葉よ』（池田久代訳、春秋社、二〇〇五年．原著 Tich Nhat Hanh, *Fragrant Palm Leaves: Journals 1962-1966*. Berkeley: Parallax, 1998）九、五八、一六一頁。

＊42 片山秀光氏（気仙沼市臨済宗地福寺僧侶）の談話、石井光太『祈りの現場——悲劇と向き合う宗教者との対話』（サンガ、二〇一五年）二九頁。

＊43 下田正弘「仏教の社会的実践を考えるためのいくつかの課題」『日本仏教学会年報』第八一号（二〇一六年）一六五頁。

◉―――著者紹介

■ケネス田中（けねす・たなか）

武蔵野大学名誉教授。スタンフォード大卒、東京大学インド哲学科修士課程修了、カリフォルニア大学人文科学研究科博士課程修了。哲学博士。カリフォルニア大学助手、米国仏教大学院大学（Institute of Buddhist Studies）准教授を経て、1998 ～ 2018 年武蔵野大学教授を務める。仏教学、浄土教、アメリカ仏教を専門とする。アメリカ仏教の日本での第一人者。国際真宗学会前会長。日本仏教心理学会前会長。著書に『アメリカ仏教』、編著に『仏教と気づき』、『智慧の湖 - 親鸞の智慧・主体性・社会性』(いずれも武蔵野大学出版会) などがある。2017 年度第 27 回中村元東方学術賞受賞。2018 年 4 月 NHK テレビ番組「こころの時代」に出演。

■新作慶明（にいさく・よしあき）

武蔵野大学講師。東京大学大学院人文社会系研究科博士課程単位取得退学。博士 (文学)。オーストリア科学アカデミーアジア文化・思想史研究所客員研究員を経て現職。専門分野はインド大乗仏教、中観思想。

■長尾重輝（ながお・しげき）

武蔵野大学講師。大谷大学大学院博士後期課程満期退学。京都光華女子大学真宗文化研究所、武蔵野女子学院中学高等学校を経て現職。専門はインド仏教 (唯識)。『唯識という思想』(自照社出版)。

■小山一行（おやま・いちぎょう）

武蔵野大学特任教授。東洋大学大学院文学研究科 (仏教学専攻) 博士課程単位取得満期退学。文学修士 (東洋大学)。筑紫女学園大学教授、同学長を経て現職。研究領域は仏教学、浄土教、親鸞の思想研究など。 著書に『釈尊の道 - その生涯と教え -』『親鸞のいいたかったこと』『高僧和讃に聞く』(いずれも山喜房仏書林刊) などがある。

■日野慧運（ひの・えうん）

武蔵野大学講師。東京大学大学院人文社会系研究科修了。博士（文学）。専門はインド仏教、大乗経典研究。共著に『朝日おとなの学びなおし！お経で学ぶ仏教』（朝日新聞出版）、翻訳・共著に『フリードリヒ・マックス・ミュラー 比較宗教学の誕生』（国書刊行会）などがある。

仏教《ぶっきょう》と慈《いつく》しみ
〈自利利他《じりりた》〉がわかるオムニバス仏教《ぶっきょう》講座《こうざ》

発行日	2018年6月15日　初版第1刷
編著者	ケネス田中
発行	武蔵野大学出版会 〒202-8585 東京都西東京市新町1-1-20 武蔵野大学構内 Tel. 042-468-3003 Fax. 042-468-3004
カバーイラスト	平井哲蔵
装丁・本文デザイン	田中眞一
編集担当	斎藤 晃（武蔵野大学出版会）
印刷	株式会社ルナテック

ISBN 978-4-903281-37-7

武蔵野大学出版会ホームページ
http://mubs.jp/syuppan